KB143487

Z세대 부모를 위한
SNS 심리학

THE END OF FORGETTING: GROWING UP WITH SOCIAL MEDIA

Copyright © 2019 by the President and Fellows of Harvard College
Published by arrangement with Harvard University Press.

No part of this book may be used or reproduced in any manner whatever without written permission except in the case of brief quotations embodied in critical articles or reviews

Korean Translation Copyright © 2020 by Hyundae Jisung
Korean edition is published by arrangement with Harvard University Press, through BC Agency, Seoul.

이 책의 한국어판 저작권은 BC 에이전시를 통한 저작권자와의 독점계약으로 현대지성에 있습니다. 저작권법에 의해 한국 내에서 보호를 받는 저작물이므로 무단전재와 복제를 금합니다.

케이트 아이크혼 지음
이종민 옮김

THE END OF FORGETTING:
GROWING UP WITH SOCIAL MEDIA

Photo

Z세대 부모를 위한
SNS 심리학

#소셜 미디어는 아이들의 마음과 인간관계, 삶을 어떻게 바꾸는가

Liked by **user** and others

현대
지성

| 일러두기 |

본문의 각주는 모두 옮긴이가 쓴 것입니다.

목차

008__ 추천사

011__ 서문

039__ **1장.** SNS 시대, 아이들에게 열린 새로운 세상

071__ **2장.** 망각에는 치유하는 힘이 있다

095__ **3장.** 멀티 스크린 시대, 기억은 어떻게 재구성되는가

127__ **4장.** 끝까지 따라붙는 꼬리표

155__ **5장.** 디지털 시대, 사라질 권리를 찾아서

181__ **결론.** 망각, 자유 그리고 정보

187__ 주

228__ 감사의 글

—

디지털 네이티브 세대를 키우는 부모를 위한 필독서

—

2016년, 오스트리아에서는 한 소녀가 본인의 어린 시절 사진을 동의 없이 수년간 페이스북에 올렸다는 이유로 부모를 고소했다는 뉴스가 났다. 페이스북에 본인이 갓난아기였을 때부터 500여 장의 사진을 부모가 올렸는데, 성장해서 자신에게 불편한 사진 몇 장—벌거벗거나 변기에 앉은, 어린 시절 사진들—을 지워달라 했더니 부모가 거부했다는 것이었다. 추후 이 이야기는 와전된 것으로 밝혀졌지만, 이를 계기로 부모·자녀 사이에 '잊힐 권리' 문제가 수면 아래서 끓어오르고 있음을 알 수 있었다.

같은 해 프랑스에서는 아이의 신상정보 노출, 성범죄자의 표적 가능성, 아이가 크면서 받을 상처 등에 대한 논의가 진행되면서 "자녀 사진 포스팅이 위험한 일이 될 수 있다"라는 경고가 나오기도 했다.

하지만 아이 사진을 온라인상에 올려 추억을 남기려는 부모는 아직도 많다. 영국 『가디언』의 조사에 의하면, 엄마들의 63%가 소셜미디어를 이용하고 있으며 이 중 97%가 자녀 사진을 올린 적이 있다. 또 『타임』에 따르면 미국 어린이의 92%가 두 돌이 되기 전 온라인에 노출되고, 5세가 될 때까지 올려지는 사진이 무려 1,000장에 가깝다. 아닌 게 아니라 SNS, 인스타그램에 '#육아스타그램'으로 검색해보면 천진난만한 아이들의 공개 사진만 1,400만 건이나 된다. (지인 공개나 전체 공개가 아닌 것까지 포함하면 상상을 초월하는 어마어마한 양이다.)

국내 최초로 '잊힐 권리'(디지털 흔적 삭제) 사업화로 주목을 받았던 〈산타크루즈 컴퍼니〉를 시작한 지 얼마 안 되었을 때의 일이다. 인터넷에 올라온 유년 시절의 게시물 때문에 힘들다며 나를 찾아오는 어린 학생이 뜻밖에 많았다. 그들은 부모, 조부모 혹은 지인이 무분별하게 올린 유년 시절 사진 때문에 "부끄럽고 짜증 난다", "나에게도 사생활이 있는 거 아니냐"며 해당 게시물을 대신 삭제해 줄 수 있느냐고 호소했다.

자녀들은 부모가 동의나 허락 없이 SNS에 올린 자신의 어린 시절 사진으로 이처럼 심리적인 고통에 시달린다. 하지만 당시는 2000년대 초반이라 나조차도 문제의 심각성을 크게 깨닫지 못했다. 그래서 부모님이나 게시물을 올린 분에게 삭제를 요청해 보라고 타일러 보내기도 했다. 그러다가 얼마 지나지 않아 이 문제가 머지않은 미래, 전 세계에서 사회적으로 심각한 문제가 될 수 있음을 알았다.

저자는 우리 아이들이 긍정적으로, 또 행복하게 살아가려면 망각(잊힘)이 필수 조건이라고 말한다. 그리고 자녀 사진을 SNS에 무분별하게 올리는 것에 주의해야 한다고 이야기한다. 니체도 망각이 없는 사람에게는 행복도, 희망도 없다고 했다. 저자의 말마따나 인터넷상의 망각이라는 개념은 앞으로도 우리 아이들이 험한 인생을 살아가는 데 든든한 버팀목이 되어줄 것이다. 인터넷과 소셜미디어상에서 자녀의 개인 정보권에 대한 깊은 이해를 키워준다는 면에서 인터넷과 함께 태어난 디지털 네이티브 세대를 키우는 부모를 위한 필독서로 추천한다.

김호진_ 산타크루즈컴퍼니 대표

———

디지털 기술로 망각이 사라진 세상에서
아이의 마음은 어떻게 성장하는가

———

20세기에는 유년기나 청소년기에 찍은 사진 중에 창피한 게 있으면 간단히 해결할 수 있었다. 액자나 가족 사진첩에서 한 장 슬쩍 빼서 없애 버리는 것이다. 불과 몇 초면 곤란한 사건이나 인생의 한 조각을 사실상 지워 버릴 수 있었다. 사진이 없어졌다는 사실이 결국 드러난다 해도 가족 중 누군가가 필름을 꼼꼼히 챙겨 두지 않는 한, 사진을 찢거나 태워 버리면 곤혹스러운 과거의 자취는 이제 사라졌다고 거의 장담할 수 있었다. 즉, 사진이 사라지면 쉽사리 잊히지 않던 사건이나 인생의 특정 시기에 대한 기억이 머릿속에서, 특히 다른 사람의 머릿속에서 곧 사라진다고 기대할 수 있었다. 돌이켜 보면 수치와 분노로 인해 맨손으로 사진을 없애 버리게 하는 이런 인간 감정의 취약성은, 위대하지만 과소평가된 아날로그 미디어의 특징 중 하나였을지도 모른다.

디지털 미디어 시대가 열리고 수십 년이 흐른 지금, 우리 스스로는 유년기와 청소년기에서 벗어나기 힘들어졌고, 타인이 우리의 어린 시절을 잊어버릴 가능성도 희박해졌다. 요즘 청소년들도 여전히 부모나 조부모의 휴대폰과 태블릿, PC에 있는 자기 사진을 몰래 지우려고 애쓰겠지만, 그러한 행동은 사진첩에서 사진을 빼내 갈기갈기 찢어 벽난로에 던져 버리는 것과는 결코 같지 않다. 이미지가 영원히 사라졌는지 알 방도가 거의 없기 때문이다.

문제의 굴욕 사진이 과연 기기 하나에만 저장됐을까? 벌써 친구와 친척 십여 명에게 공유되지는 않았을까? 누군가가 사진이 귀엽거나 웃기다고 생각해서 페이스북에 올렸다면? 사본을 모두 회수해서 파기하는 게 가능하기는 한 걸까? 설상가상으로 사진에 태그가 달렸다면? 한때는 몇 초면 충분했던 파기 행위가 이제는 엄청나게 번거롭고 거의 불가능한 일이 되었다.

물론 현재 벌어지고 있는 이런 현상을 자식이나 손주를 끔찍이 아끼는 부모나 조부모의 디지털 호딩digital hoarding* 탓으로 돌리는 건 온당치 않다. 어린이와 청소년 스스로 전에 없이 빠른 속도로 자기 사진을 만들어 내고 있기 때문이다. 정확한 수치 파악은 어렵지만, 휴대폰을 손에 쥔 젊은이 대다수가 매일같이 '셀카'를 찍어 공유하는 것이 분명하다.[1] 이들만 셀카에 빠진 게 아니라는 증거도 늘고 있다. 걸음마를 배우는 유아도 셀카를 즐겨 찍고, 의도했든 아니든 인터넷에

---

*　사진이나 파일 등 디지털 정보를 필요 이상으로 끌어모으는 행동.

올리기까지 한다.[2] 하지만 이 같은 과도한 기록에 따르는 대가는 무엇일까? 좀 더 구체적으로 말하자면, 유년기와 청소년기의 이미지들과 찰나 같은 인생의 한 단계에 형성된 사회 관계망이 너무나 쉽게 보존돼서 본인의 의도나 바람과는 상관없이 끈질기게 살아남는 시대를 살아간다는 것은 어떤 의미일까? 어린 시절이 영원히 존재한다면 어린 시절을 넘어서는 일이 어떻게 가능할까? 이 책에서는 이런 절박한 문제들을 살펴보려고 한다.

어린 시절이
끝없이 계속된다면?

우리가 직면한 위기, 즉 유년기의 이미지들이 사라지지 않고 끈질기게 살아남는 문제는 1990년대 초반 디지털 기술이 우리의 일상생활을 재구성하기 시작했을 때만 해도 그리 큰 걱정거리는 아니었다. 미디어학자와 사회학자, 교육 분야 연구자와 정치색을 뒤로 한 모든 기우론자들은 유년기가 영원히 지속될 가능성보다는 '유년기의 상실'을 더 안타까워했다.

1994년 일반 대중이 '인터넷', '사이버 공간', '월드 와이드 웹' 등을 비롯한 생소한 용어들을 막 이해하고 받아들이기 시작했을 무렵 나는 교육 대학원에서 관련 연구를 시작했다. 당시 교육 연구자들은 인터넷이 청소년에게 미치는 영향, 더 폭넓게는 인터넷이 교육의 미래에 미치는 영향을 평가하고 관찰하고 논의하는 데 집중하고 있었다.

내 지도 교수는 읽기와 쓰기의 역사를 집중적으로 연구해 온 분이었는데, 나에게 책은 집어치우고 코딩을 배워 미래의 '네트워크로 연결된 교실'을 위한 교육용 비디오 게임을 개발해 보라고 권유했다. 그녀의 낙관론은 이례적인 것이었다. 인터넷을 비롯한 디지털 신기술의 잠재적 이점을 진지하게 탐구하는 연구자가 가끔 있긴 했지만, 당시만 해도 새로운 미디어 기술에 대한 공포가 만연했기 때문이다. 청소년과 인터넷에 관한 초창기 연구는 대부분 온라인에서 펼쳐질 일에 대한 우려를 입증하거나 논박하려는 시도였다.

그렇게 제기된 우려 중 상당 부분은 타당했다. 인터넷 때문에 음란물을 더 쉽게 접하게 됐고, 아동성범죄자가 청소년에게 더 쉽게 접근할 수 있었다. 사법당국과 입법자들은 이 문제를 해결하려고 지금도 애쓰고 있다. 그러나 인터넷 도입 초기에 제기된 우려 중 상당수는 순전히 공포심에서 비롯된 것이자, 청소년이라는 존재와 이들의 합리적 의사결정 능력에 대한 뿌리 깊은 불신에 기반한 것이었다.

많은 성인은 아이 혼자 인터넷을 하도록 내버려 두면 아이의 순수성은 회복 불가능한 손상을 즉각 입게 될 것이라고 우려했다. 이런 우려를 부채질한 것은 언론 보도였다.[3] 대다수의 성인도 막 인터넷에 첫발을 내딛던 시기였기 때문에 대중매체에 비친 인터넷에 관한 이미지는 성적인 내용들로 가득한 멀티유저 도메인multiuser domain, MUD*을 누구나 쉽게 헤집고 다니고, 컴퓨터 해커들과 어울려 범죄 수법을 배

---

* 인터넷 초창기에 인기를 모은, 다수가 동시에 참여해서 활동하는 가상 공동체.

우거나, 테러나 폭탄 제조 기술을 익힐 수 있는 공간이었다. 사실 이런 것은 잠깐 인터넷을 훑어본다고 배울 수 있는 게 아닌데도, 인터넷은 온갖 위협이 도사리는 음침하고 위험한 공간이라는 인식은 쉽사리 바뀌지 않았다.

언론이 인터넷 포르노물과 변태성욕자, 해커, 자경단원에게서 아이들을 지키는 문제를 파고들었다면, 응용과학과 사회과학 연구자들은 인터넷 사용이 신체적·사회적 질환과 어떤 관련이 있는지를 연구한 결과를 쏟아 냈다. 일부 연구자들은 인터넷에 너무 많은 시간을 쓰면 청소년에게 비만이나 반복성 긴장장애, 건초염, 허리 부상이 증가한다고 경고했고, 어떤 연구자들은 인터넷이 사회적 고립과 우울증을 유발하고 현실과 가상을 분별하는 능력을 저하하는 등 여러 정신적 문제를 야기한다며 주의를 촉구했다.[4]

1990년대 인터넷에 관한 대중매체 기사와 학술 논문의 근간이 된 공통 주제 중 하나는 이 신기술이 권력과 지식에 대한 접근 기회에 변화를 가져온다는 점이었다. 1993년 「주의: 정보 고속도로 위에 뛰노는 아이들Caution: Children at Play on the Information Highway」이라는 불길한 제목으로 발표된 뒤 널리 인용된 논문은 이렇게 경고했다. "아이를 컴퓨터 앞에 떨어뜨려 놓는 것은 마치 오후 내내 아이 혼자 쇼핑몰을 누비고 다니도록 내버려 두는 것과 같다. 실제로 부모가 자녀를 쇼핑몰에 내려 줄 때는 보통 규칙을 정한다. 낯선 사람과는 대화하지 말고, 여성 속옷 가게에는 들어가지 말고, 돈은 이만큼만 쓰라는 식으로 말이다. 반면 전자 쇼핑몰에서는 대부분 부모가 규칙을 정해 주지 않거나 어떻게 규칙을 정해야 하는지도 모른다."[5]

걱정은 되지만 어찌할 바를 모르는 부모들의 모습은 1990년대에 흔히 사이버 공간이라고 불리던 인터넷의 여러 영역에서 청소년의 수가 성인 수보다 많아진 것과 큰 관련이 있다. 부모들은 현실적인 질문에 답하기가 점점 더 어려워졌고, 때에 따라서는 질문 던지는 것조차 힘들어했다. 이 온라인 왕국에서 귀가 시간을 정할 권한은 누구에게 있는 걸까? 빠르게 팽창하는 이 낯선 공간의 한계는 어디쯤일까? 그리고 이곳에서 아이들은 어떤 종류의 관계를 만들어 가고 있을까? 온라인에서 만난 청소년들은 실시간으로 편지를 주고받는 펜팔 친구일 뿐일까 아니면 실제 아는 사이일까? 인터넷에서 아이는 성적 접촉까지 할 수 있을까 아니면 성적인 메시지를 주고받는 게 고작일까? 자녀가 어디서 뭘 하는지 걱정하는 부모 마음이야 새삼스럽지 않지만, 새로운 개념이 도전해오면서 이 같은 걱정은 깊어만 갔다. 이제 부모들은 거의 이해하지 못하거나 직접 경험해 보지 못한 영역에서 자녀의 안녕을 현명하게 결정해야 하는 상황을 맞았다.

이런 맥락에서 보면, 아이들의 순수성이 위태로워졌다는 사실이 인터넷에 대한 규제와 감시를 강화해야 한다는 근거로 제시된 이유를 쉽게 이해할 수 있다. 미국에서는 1996년 클린턴 대통령이 서명 발효한 통신품위법Communications Decency Act이 큰 지지를 받았는데, 이는 통신 관련 규제를 강화하지 않을 경우 미국 아이들이 성도착자나 디지털 자경단원으로 전락하고 말 것이라는 우려가 폭넓게 확산됐기 때문이다. 이 법은 이후 미국시민자유연맹American Civil Liberties Union이 수정헌법 제1조를 위반했다며 소송을 제기해서 연방대법원이 위헌 판결을 내리긴 했지만, '인터넷을 비롯한 쌍방향 컴퓨터 기기를 통해 전달받는 정보에 관한 사용자 통제를 극대화할 수 있는 기술 개발을 장려'하고, '불쾌하고 부적절한 온라인 콘텐츠에 접근하지 못하도록 막을 수 있게 하는 차단 및 검열 기술의 개발, 그리고 기술 활용을 가로막는 방해 요소들을 제거'하는 권한을 연방정부에 부여했다.[6] 법안을 만든 사람들은 아이들의 현실 인식이 미디어 기술과의 상호작용으로 영향을 받을 수밖에 없다는 (청소년과 영화 및 TV의 상호작용에 관한 과거 연구에 바탕을 둔) 주장을 액면 그대로 받아들였고, 그 결과 검열 장치가 필요하다는 결론을 내린 것이다.

그러나 몇몇 평론가는 아이들의 순수성에 초점을 맞춘 여러 담론이 아이들의 실제 필요는 고려하지 않은 채 온라인 검열을 강화하는 수단으로만 이용되고 있음을 간파했다. 1997년 『래디컬 티처*Radical Teacher*』에 실린 논문에서 미디어 이론가 헨리 젠킨스Henry Jenkins는 부모와 교육자, 정치인 들이 인터넷에 대해 느끼는 공포가 전혀 새로울 게 없다고 날카롭게 지적했다. 20세기 초 만화책에 대한 맹비난부터 이후 영화와 라디오, 텔레비전의 부정적 영향에 대한 공포에 이르기까지, 뉴미디어가 청소년에게 위협을 가한다는 주장은 이미 여러 차례 되풀이됐다. 젠킨스는 진짜 문제는 뉴미디어가 아니라 '유년기의 순수성'이라는 신화 그 자체라고 주장했다.

> '유년기의 순수성'이라는 신화는 아이들이 스스로 사고하지 못하도록 생각을 '없애 버리고' 아이들만의 정치적 주체성과 사회적 의제를 박탈함으로써 아이를 성인의 필요와 욕구, 정치의 수단으로 전락시킬 위험이 있다. '순진한 아이'는 우리 생각 속에서 현실의 아이들을

대체하거나 실제 아이들의 생각을 제한하고 신체를 구속하는 시도를 정당화하는 데 이용되면서 점점 더 위험한 관념이 된다. '유년기의 순수성'이라는 신화는 아이들을 성인 세계의 잠재적 피해자나 가부장적 보호의 수혜자로만 바라보는데, 이는 아이들에게 적극적 행위자로 살도록 자율적인 권한을 부여하는 교육을 방해한다. 자극적인 정보나 도발적인 이미지에 접근하지 못하게 막아 놓고 아이들에게 비판적 사고를 하라고 가르칠 수는 없다.[7]

어린이와 청소년들이 인터넷을 생산적이고 창의적인 방식으로 사용하면서 새롭고 활기 넘치는 공적 영역을 스스로 만들도록 이끌어야 한다고 주장한 사람은 젠킨스만이 아니었다. 1990년대부터 2000년대 초반까지 적잖은 교육자와 부모들이 인터넷에 접근할 기회를 충분히 부여하자는 쪽을 택했다. 그리고 바로 그 아이들이 결국 새천년의 첫 10년이 지날 무렵 모든 사람의 삶을 바꿔 놓은 소셜미디어와 공유경제 플랫폼을 만들어 냈다. (1996년에 페이스북 창업자 마크 저커버그는 12살이었고, 에어비앤비 공동 창업자 브라이언 체스키는 15살이었다.) 하지만 당시 많은 사람이 유년기의 미래를 이미 단념한 듯한 분위기에서 젠킨스의 주장은 큰 지지를 받지 못했다. 잘 알려진 회의론자 중에는 또 다른 미디어 이론가 닐 포스트먼Neil Postman이 있다.

포스트먼은 1982년 자신의 책 『사라지는 어린이The Disappearance of Child-hood』에서 뉴미디어가 유년기와 성인기의 차이를 무너뜨리고 있다면서, "전파 매체가 성인 세계의 모든 것을 급속히 무차별적으로 드러내면서 몇 가지 중대한 결과가 발생했다"고 주장했다. 성인의 권위

약화와 아이들의 호기심 감소도 그 결과 중 하나다.[8] 포스트먼은 유년기의 순수성에 딱히 의미를 부여하지는 않았지만 유년기의 개념과 이상에 주목하면서 유년기가 이미 쇠락하고 있다고 평가했다. 이는 비교적 최근 발명품인 유년기는 미디어 기술의 역사와 늘 깊이 얽혀 온 개념이라는 게 포스트먼의 주장이다.

청소년이 존재하지 않았던 시대는 물론 없었지만, 상당수 학자는 유년기 개념을 근대 초기의 발명품으로 간주했다. 포스트먼은 이 같은 입장을 수용하는 데서 한발 더 나아가 유년기 개념이 15세기 후반 독일 마인츠Mainz에서 처음 등장한 가동 활자movable type*의 광범위한 영향을 받아 탄생했다고 주장했다.[9] 인쇄 문화가 확산되면서 말로 정보를 전달하는 구술의 가치가 떨어지고 글을 읽을 줄 아는 사람과 그렇지 못한 사람 간에 지위 차이가 생기자, 글을 읽고 쓸 줄 아는 성인의 세계에서 어린아이들이 갈수록 밀려났다는 것이다.

이 시기에 다른 일도 일어났다. 다양한 부류의 독자층을 위해 다양한 형태의 인쇄물이 만들어지기 시작한 것이다. 16세기만 해도 연령별 등급과 이에 맞춰 만든 책은 아예 존재하지 않았다. 초급 독자는 다섯 살이든 서른다섯 살이든 똑같은 기본서를 읽어야 했다.[10] 그러나 18세기 후반이 되자 세상이 바뀌었다. 아이들은 아동용 책을, 성인들은 성인용 책을 읽을 수 있게 되었다. 아이들은 이제 '사악한' 성인 세계로부터 보호해야 할 별개의 부류로 간주됐다. 하지만 유년기

---

* 구텐베르크가 발명한 금속활자.

의 시대(포스트먼에 따르면 대략 19세기 중반부터 20세기 중반까지)는 그리 오래가지 못했다. 전신이나 영화 같은 초기 통신 기술과 방송 매체가 이미 유년기를 잠식해 들어오고 있었지만, 20세기 중반 등장한 텔레비전은 유년기의 종말을 알렸다. 이에 대해 포스트먼은 "TV는 유년기와 성인기의 경계선을 세 가지 방식으로 무너뜨리는데, 모두 TV의 무차별적 접근성과 관련 있다. 첫째, TV는 설명 없이도 작동 방식을 이해할 수 있다. 둘째, TV는 생각이나 행동 어느 쪽에도 복잡한 요구를 하지 않는다. 셋째, TV는 시청자들을 차별 대우하지 않는다"고 결론 내렸다.[11]

포스트먼의 저서는 TV에 초점을 맞추고 있지만, 관심을 불러일으키면서도 논의는 거의 이뤄지지 않던 컴퓨터의 잠재적 영향에 대해서도 일부 언급한다. 책의 마지막 장에서 포스트먼은 여섯 개의 문답을 제시했는데 그중 하나가 "유년기의 필요성을 유지하게 하는 통신 기술은 없을까?"였고, 포스트먼은 "그런 능력을 갖춘 유일한 기술은 컴퓨터"라고 자문자답했다. 컴퓨터 프로그래밍을 하려면 필수적으로 언어를 학습해야 하는데, 이는 유년기에 습득해야만 하는 기술이라는 게 포스트먼의 설명이다. "모든 사람이 컴퓨터가 어떻게 작동하고 어떻게 특유의 세계관을 드러내는지, 또 판단력에 대한 정의를 어떻게 바꾸는지 알아야 할 필요가 있다고 여겨지면—다시 말해 누구나 컴퓨터 사용 능력을 갖춰야 한다고 판단되면—청소년 교육의 중요성이 증가하고 성인 문화와 구별되는 청소년만의 문화가 유지될 수 있을 것이다." 그러나 상황이 다르게 전개될 수도 있다. 경제적·정치적 이해관계 때문에 "많은 사람이 반문맹인 상태로 컴퓨터 게임에 빠져

원리도 모른 채 컴퓨터를 이용하고 컴퓨터에 이용당하도록 내버려 두는 편이 더 낫다고 여겨지면 (…) 유년기는 아무 장애물 없이 소멸을 향한 여정을 이어 나갈 것이다."[12]

당시만 해도 포스트먼의 주장은 상당히 설득력이 있었다. 그가 이 책을 집필할 당시만 해도—아마도 손으로 썼거나 타자기를 이용했겠지만— 미래 세대의 어린이는 물론 유아들까지 컴퓨터를 손쉽게 다루리라고 생각하는 사람은 거의 없었다. 『사라지는 어린이』가 서점에 깔린 1982년만 해도 컴퓨터 사용 방식을 혁신한 그래픽 사용자 인터페이스graphical user interface가 대중화되지 않았다. 포스트먼이 1981년 대당 판매가가 1만 6000달러에 달할 만큼 귀한 물건이었던 제록스 스타Xerox Star*를 쓸 수 있었던 게 아니라면, 짐작건대 그는 지금 형태의 컴퓨터를 상상하지 못했을 것이다. 놀이 말고 다른 목적으로 컴퓨터를 사용하는 것은 (새로운 언어에 통달하는 수준의) 상당한 전문성을 가진 사람들의 영역으로 남을 것이라고 그는 생각했던 것 같다. 물론 디지털 혁명은 그런 식으로 전개되지 않았다.

제록스 스타가 현재의 친숙한 컴퓨터 인터페이스와 그 뒤에 등장한 휴대폰과 태블릿 기기의 터치스크린으로 발전하면서, 컴퓨터 프로그래밍 능력은 게임 말고도 다양한 분야에서 컴퓨터를 활용하는 능력과 더 이상 관련 없어졌다. 제록스가 처음 개발하고 애플이 대중화한 그래픽 사용자 인터페이스 덕분에 2000년대 이후로는 컴퓨터의

---

*   그래픽 사용자 인터페이스 기반으로 출시된 최초의 컴퓨터.

내부 작동 방식에 대해 전혀 모르거나 관심이 없더라도 컴퓨터로 많은 일을 처리할 수 있게 되었다.

포스트먼이 예견하지 못한 또 다른 하나는 청소년이 대다수 중년층보다 더 능숙하게 컴퓨터를 만들고 프로그래밍을 하게 됐다는 사실이다. 다른 언어들과 달리 이 새로운 언어는 나이가 든다고 더 유창해지지 않았다. 1990년대 후반이 되자 성인들이 디지털 혁명의 주역이 아니라는 사실은 명백해졌다. 구글부터 페이스북, 에어비앤비까지 이 시대 최고의 유비쿼터스 디지털 도구와 플랫폼은 모두 막 십대를 벗어난 청년들의 손에서 탄생했다. 그 결과는 어땠을까? 결국 유년기는 (TV가 발명되기 이전 시대 같은) 과거의 모습을 되찾지 못했지만, 유년기가 사라지고 말 것이라는 포스트먼의 우려는 틀렸다는 게 증명됐다. 전혀 예상치 못한 일이 일어난 것이다.

1980년대 초반 포스트먼을 비롯한 많은 사람은 아동 문화와 성인 문화를 구분 짓는 경계선이 급속도로 무너지는 것을 목도했는데, 이는 TV의 무차별적 영향이 주된 원인이었다. 해결책은 균형의 회복, 즉 한때는 분리돼 있던 두 문화의 경계선을 복원하는 것이었다. 포스트먼은 아이들이 하나의 세계를 차지하고 성인들은 또 다른 세계를 차지했던 TV 이전 시대로 돌아갈 수만 있다면, 21세기는 물론 그 뒤로도 유년기가 계속 살아남을지도 모른다고 주장했다. 그리고 오늘날 유년기와 성인기 사이에는 다시 차이가 나타났지만, 그 양상은 포스트먼이 생각했던 것과는 다르다.

현재 우리가 살고 있는 디지털 시대에도 아동 문화와 청소년 문화는 건재하다. 대다수 청소년은 하루에도 몇 시간씩 인터넷에 접속해서 성인은 별 관심도 없고 접근하기도 힘든 세계를 탐구한다. 바로 여기에 진짜 차이점이 존재한다. 인쇄물의 세계에서는 아이들이 어떤 책을 읽어야 좋고 어떤 책은 손대면 안 되는지 성인들이 결정했다. 인쇄기를 가동하는 것도, 책을 구매하는 것도, 도서관을 관리하는 것도 결국 성인들 몫이었기에 가능한 일이었다.

반면 오늘날 아이들은 자유롭게 자신만의 세계를 만들고, 더 중요하게는 그 세계를 자신만의 콘텐츠로 채워 가고 있다. 이 콘텐츠들은 어쩌면 당연하게도 대부분 자기 자신에게 초점이 맞춰져 있다(이런 경향을 보여 주는 전형적인 사례가 바로 셀카다). 따라서 어떤 의미에서는 유년기가 살아남았다고 할 수 있지만, 유년기의 의미와 유년기가 경험되고 표현되는 방식은 점점 더 그들이 좌우하고 있다. 한때는 성인들이 (정성 들여 꾸민 가족 사진첩이나 홈 비디오 영상 등을 통해) 유년기를 구성하고 기록한 뒤 다시 아이들에게 투영했다면, 이제는 더 이상 그렇지 않다. 오늘날 청소년들은 이미지를 만들어 낸 뒤 성인들의 간섭을 받지 않고 퍼뜨리고 있다.

이쯤에서 이 책에서 다루려는 문제를 되짚어 보면, 유년기는 포스트먼의 예측과는 달리 사라지기는커녕 오히려 예상치 못한 새로운 방식으로 온갖 곳에서 모습을 드러내고 있다. 오늘날 유년기와 청소년기는 그 어느 때보다도 뚜렷하게 모습을 드러내며 널리 퍼져 있다. 이 책 전반에 걸쳐 설명하겠지만 그 주된 이유는 역사상 처음으로 어린이와 청소년들이 성인의 감독을 거의 또는 전혀 받지 않은 채, 자기 삶을 표현하고 그 결과물을 퍼뜨리고 관계망을 구축하는 데 필요한 기술에 접근할 수 있게 됐기 때문이다. 잠재적인 위험은 더 이상 유년기의 실종에 있지 않다. 오히려 유년기가 영원히 지속될 가능성이 더 위험한 요소다. 즉, 디지털 시대의 진짜 위기는 유년기가 소멸되는 것이 아니라 유년기가 절대 잊히지 않고 유령처럼 되살아나는데 있다.

유년기 기억이 없어서
행복한 사람들

모두가 과거에서 벗어나는 일이 쉽지 않게 된 세상을 두려워하는 것은 아니다. 사실 많은 사람이 유년기의 기억을 되새기며, 어린 시절추억이 담긴 물건이나 사진을 더 많이 남겨 두지 못한 걸 후회한다. 또 어떤 사람은 왜 부모님이 자신의 소중한 자취들을 간수해 두지 않았는지 아쉬워한다. 분쟁이나 강제 추방, 집단 이주를 겪고 난 뒤 과거를 그리워하게 된 사람들도 있다. 한 예로 1930~40년대 유럽에서태어난 사람 중 많은 사람이 고향을 탈출하거나 강제 추방되는 과정에서 어쩔 수 없이 어린 시절 찍은 가족사진을 모두 버리고 떠나오는 바람에 현저한 결핍을 안고 성장했다.[13] 그런 결핍을 다시 경험하는 게 이제는 힘들지 않을까? 유년기와 청소년기가 영원히 지속되는세계, 어린 시절의 디지털 발자국이 성인이 된 뒤로도 사라지지 않고곁에 도사리고 있는 세계에 산다는 게 이제는 어떤 의미인지 더 살펴보기 전에, 불과 수십 년 전만 해도 상황이 얼마나 놀랍도록 달랐는지 간단히 짚어 볼 필요가 있다.

20세기 중반에 성장한 사람들 중 상당수는 유년기에 대한 기록이 그리 많지 않다. 어떤 가족은 정치적 분쟁 때문에 사진을 비롯한 추억거리를 고스란히 남겨 두고 떠나와야 했고, 어떤 가족은 짐 꾸러미에 챙겨 넣을 사진 자체가 없기도 했다. 평균적인 중산층 가정에는 사진이 널리 보급된 상황이었지만, 과거를 담은 자취를 전혀 또는 거의 남기지 않는 예도 결코 드물지 않았다.[14]

2차 세계대전의 트라우마는 기록의 공백과 기억의 선택적 공백을 초래했다. 1960~70년대 태어난 내 또래 세대 중 상당수는 과거를 거의 또는 완전히 숨기고 살기로 마음먹은 부모와 조부모 밑에서 성장했다. 일부 유태인 부모는 자녀를 키우면서 자신들이 홀로코스트 대학살의 생존자라는 사실은 물론 유태인이라는 사실까지 숨기기도 했다.[15] 그보다 훨씬 더 많은 독일인 부모는 전쟁 중에 자신들이 어디서 무얼 했는지 자녀들에게 말하지 않았다.

1950년대부터 1980년대까지만 해도 가정 내에서 그런 비밀을 간직하는 일이 가능했다. 유태인 혈통이면서도 유태인이 아닌 척할 수 있었고, 마찬가지로 나치 비밀경찰 게슈타포 요원이었거나 협력자였더라도 과거 전력에 대해 함구하고 살 수 있었다.[16] 어느 쪽이든 어느 날 갑자기 과거를 드러내는 사진이 나타나서 가족의 비밀이나 거짓말이 들통나는 일은 없을 거라고 꽤 확신할 수 있었다. 20세기에는 누군가의 가족사를 알아내려면 고도의 조사 기술이 필요했다. 요즘처럼 데이터베이스나 검색엔진의 도움은 전혀 받지 못했기 때문에 기록 보관소를 찾아가서 잘 모르는 언어로 쓰인 산더미 같은 문서들을 일일이 뒤지는 데 돈과 시간을 들여야 했다.

여기서 2차 세계대전 전후세대의 경험을 언급하는 이유는 오늘날과 대조하기 위해서다. 2차 세계대전 기간이나 종전 직후인 1940~50년대 태어난, 요즘 어린이와 청소년들의 조부모 중 상당수가 유년기의 기록이 결여된 채 성장했다는 사실은 놀라울 따름이다. 이러한 기록의 부재는 20세기 후반부터 21세기 초반까지 기억과 망각을 주제로 한 이론 연구로 이어졌다.[17] 전후 시기에 형성된 기억의 부재와 기억의 억압이 없었다면, 사회과학과 인문학 분야에서 '기억 연구'가 이토록 부상하지 않았을 것이다.[18] 기억 연구 분야를 주도해온 사람들이 주로 홀로코스트 트라우마 문제를 다룬 유태인 학자들과, 이들보다는 적지만 독일이 저지른 잔혹 행위에 대해 가족과 국가가 침묵한 것을 문제 삼은 독일인 학자들이었다는 사실 역시 우연이 아니다.[19]

기억 문제에 집중하는 문화 이론가들은 역사의 어느 편에 서 있든 대부분 동일한 전제에 기초를 두고 연구를 진행한다. 바로 '망각은 기억의 적'이라는 전제이다. 기억은 신성하지만, 망각은 극복의 대상이다. 기억은 추앙받아야 하고, 망각은 비난받아 마땅하다. 『기억, 역사, 망각*Memory, History, Forgetting*』에서 철학자 폴 리쾨르Paul Ricoeur는 기억과 망각의 관계를 깊이 파고들었다. 리쾨르는 "대체로 망각은 기억의 신뢰성에 대한 공격으로 경험된다. 즉 망각은 공격이자, 약점이며, 결함이다. 그런 점에서 기억은 적어도 일차적으로는 망각에 맞선 투쟁으로 규정된다"고 평했다.[20]

현대 문화 이론이 씌운 온갖 오명에도 불구하고, 망각은 그저 목숨만이라도 부지하려고 애쓰며 살아온 세대에게는 반가운 만병통치약이기도 했다.[21] 이 시기에는 미래가 망각에 의존했다고도 볼 수 있다. 망각을 생존의 한 형태로 받아들인 이들도 있다. 정신 분석학자 도리 라우브Dori Laub와 문학 평론가 쇼샤나 펠만Shoshana Felman은 홀로코스트 이후의 증언과 기억을 다룬 공저 『증언Testimony』에서 잊지 않는 편을 택한 사람들, 즉 기억하고 자신의 기억을 말이나 글로 옮기기로 결심한 사람들이 치른 대가는 종종 목숨 그 자체였다고 지적했다. "말로 표현하는 행동 자체가 극심한 트라우마가 될 수 있다. (파울 첼란Celan 이나 장 아메리Améry, 타데우쉬 보로프스키Borowski, 프리모 레비Levi, 브루노 베틀하임Bettleheim처럼) 실제로 침묵을 깬 시인과 작가들은 목숨으로 그 행동의 대가를 치렀던 것인지도 모른다."[22]

뿐만 아니라 라우브와 펠만은 나치에 부역한 전력이 있는 철학자 폴 드 만Paul de Man 같은 작가들에게 망각이 얼마나 복잡한 영향을 미쳤는지에 대해 주목했다. 1983년 드 만이 사망한 뒤, 한 연구자가 드 만이 2차 세계대전 중에 벨기에의 나치 협력자들을 위해 쓴 미공개 원고를 200편 넘게 찾아냈다. 이 발견으로 드 만의 작품 세계 전체가 도마 위에 올랐다. 그러나 설령 드 만 스스로가 이 시기 자신의 삶과 작품을 기억에서 지워 버리려고 했더라도, 드 만 자체를 잊는 것은 올바른 대응이 아닐 수도 있다. "'좋은 편', '나쁜 편'의 독단적인 이분법으로 드 만에게 '나치'의 꼬리표를 붙인다면, 한편으로는 드 만의 망각을 콕 집어 부도덕하다고 비난하면서 정작 홀로코스트의 실상은 완전히 망각하는 우를 범하게 된다. (…) 사실 우리는 모두 여러 가지 면에서 드 만의 망각과 침묵에 연루돼 있다."[23]

문제는 감추었던 드 만의 과거를 용서하거나 눈감아 줘야 하는가가 아니라, 망각을 지나치게 단순화하거나 망각의 우열을 나누려는 시도에는 위험이 따른다는 것이다. 간단히 말하자면 지난 20세기에 망각은 힘겹게 미래로 나아가려는 다양한 부류의 사람들을 부축하는 목발이 돼 주었다. 수많은 생존자가 기억을 지움으로써 훗날 자녀들에게 그 기억을 물려주지 않았다는 사실은 (비록 그로 인해 치러야 할 대가가 없지 않았지만) 어떤 우여곡절이 있더라도 삶은 계속된다는 것을 보여 준다. 또한 독일인들이나 드 만 같은 타국 나치 협력자들에게 망각은 일종의 정상 상태로의 복귀를 가능하게 했다. 내가 말하려는 요점은 망각, 즉 홀로코스트에 대한 기억의 억압이 기뻐할 일이라는 게 아니라 그 시기에는 이런 과거의 집단적 삭제가 어쨌든 가능했다는 것이다.

디지털로 연결된 요즘 어린이와 청소년들의 조부모 중 상당수가 과거와 온전히 대면하지 않고도 성장하고 또 늙어 갈 수 있었던 것이 얼마나 놀라운 일인지 이해하려면, 오늘날 청소년 난민과 이주자들의 미래가 이들과 얼마나 다를지를 생각해 보면 된다. 과거 집단 이주자들과 현재 시리아와 북아프리카 일부 지역 출신 난민 사이에 가장 두드러진 차이점은 자신이 겪은 위기가 기록된 정도에 있다. 2015년과 2016년 여름, 언론은 소지품이라고는 등 뒤에 둘러맨 옷가지와 신분증명서, 휴대폰이 들어 있는 작은 방수팩이 전부인 난민들이 그리스와 이탈리아 해안에 다다랐다는 소식을 전했다. 2015년 유엔난민기구UNHCR가 요르단으로 넘어온 시리아 난민들에게 유심카드 3만 3,000개와 휴대폰 충전이 가능한 태양광 손전등 8만 5,704개를 나눠 주었는데,[24] 난민들이 이를 이용해서 휴대폰으로 이주 여정과 그 과정에서 겪은 비극적인 사건들을 기록했다. 그렇게 휴대폰은 21세기 난민들의 경험에 막대한 영향을 끼치기 시작했다.

난민들이 찍은 이미지는 휴대폰에 저장될 뿐 아니라, 페이스북을 비롯한 소셜 미디어 플랫폼에도 올라간다. 그 사진 중에는 새로운 장소에 도착했을 때 가족과 친구들에게 목적지에 무사히 도착했다는 걸 알리기 위해 올린 셀카도 있지만, 이동 과정에서 접한 잔혹 행위를 담은 사진도 있다. 오늘날 청소년 난민들은 성인이 됐을 때 이전 세대 난민처럼 망각이라는 선택지를 가질 수 있을까? 아니면 스스로 또는 동료 난민들이 인터넷에 올린 디지털 발자취가 수십 년 동안 이들 곁에 남게 될까? 한편으로는 이 자취들 덕분에 난민들이 억압된 기억을 되살리려고 애쓰지 않아도 되겠지만, 다른 한편으로는 과연 이들이 과거를 털고 일어나서 현재의 삶을 충만하게 생산적으로 꾸려 갈 수 있을까 묻게 된다.

2차 세계대전 기간과 그 이후에 많은 가족들이 서로 연락이 끊겼다. 이 단절은 때론 몇 년, 때론 평생 이어졌다. 그에 반해 오늘날 난민들은 대개 남겨 두고 떠나온 가족이나 친구들과 긴밀한 연락을 주고받는다. 고향을 떠나올 때 관계망도 함께 가져오기 때문이다. 하지만 여기에는 부정적인 측면이 있을 수 있다. 남겨진 사람들이 떠나온 난민들에게 도움을 요청하거나, 고향의 끔찍한 상황을 전하는 메시지를 감당하기 힘들 만큼 많이 보낼 수도 있다.[25] 더욱이 참혹한 사건들이 뒤섞인 과거의 이미지들을 고스란히 간직한 채 어떻게 미래로 나아갈 수 있을까? 오늘날 난민들이 성인이 됐을 때 이들의 삶과 미래는 결과적으로 어떤 모습일까? 문제는 분쟁과 이주 사진들의 성

격이 갈수록 모호해진다는 것이다. 미디어학자 바비 젤리저Barbie Zelizer
는 가끔 '잔혹 사진'이라고도 불리는 홀로코스트 사진이 대부분 개인
의 기록이 아닌 공적 기록물로 남겨진 이미지라고 지적했다. 반면 오
늘날 난민들은 여전히 기록 사진의 대상이 되긴 하지만, 스스로 자기
이미지를 만들어 낸다. 이 이미지는 철저히 개인적인 순간을 기록한
것이지만, 소셜 미디어 플랫폼에 올라가면서 결국 공적 기록물이자
집단 기억의 일부분으로 탈바꿈한다.[26]

　몇몇 증거는 아무리 고통스럽더라도 자신의 과거를 간직하는 것이
미래로 나아가는 데 도움이 된다는 걸 보여 준다.[27] 나이 어린 난민
과 망명 신청자를 대상으로 자주 사용되는 내러티브 노출 치료narrative
exposure therapy는 외상 후 스트레스 장애 환자들에게 살면서 겪은 중요
한 사건들을 이야기하도록 유도함으로써 증상을 치료하는 방법이다.
이 치료법의 전제는 트라우마를 초래한 사건을 포함해 벌어진 일들
을 시간 순서대로 짚어 보고 이를 설명하는 과정에서 과거의 트라우
마가 미래를 망가뜨리지 않도록 막아 낼 수 있다는 것이다. 이 과정
에서 환자에게 있는 디지털 기록들이 어떤 도움이 될지 어렵지 않게
짐작할 수 있다.

　그러나 이 개인 사진 보관소들이 원치 않는 순간에도 불쑥불쑥 되
살아난다면 그런 효과를 기대할 수 없을지도 모른다. 홀로코스트에
서 살아남은 아이들이 어린 시절 목격한 잔혹 행위에 관한 사진과 영
상을 끊임없이 접하면서 성장했다면 어떻게 됐을까? 사진과 영상이
아이들의 고통을 덜어 주었을까? 즉각적이면서도 집요한 과거와의
접촉 덕분에 유년기의 트라우마를 좀 더 쉽게 극복할 수 있었을까?

지그문트 프로이트는 1914년에 낸 에세이에서 기억remembering과 반복 repetition을 구분 지었다. 프로이트는 뭔가를 반복하는 것은 그것을 기억하는 게 아니라, 이미 망각한 것을 행동으로 옮기는 것일 뿐이라고 주장했다. "반복 강박이 (…) 기억 충동을 대치한다"는 것이다.[28] 정신분석가의 역할은 끊임없는 반복의 고리를 끊어냄으로써 환자를 반복에서 기억으로 이끄는 것이다. 문제는 사진과 영상으로 채워진 개인 디지털 기록 저장소를 통한 과거와의 접촉을 우리가 일종의 반복으로 경험하느냐 아니면 일종의 기억으로 경험하느냐다. 기억의 부재를 틈타 생겨난 독특한 형태의 반복이 미래 세대들을 고통에서 해방시켜 줄까? 아니면 새로운 시련을 만들어 낼까?

호르헤 루이스 보르헤스Jorge Luis Borges의 단편소설을 읽어 본 사람이라면 누구나 망각의 종말에는 응분의 대가가 따르며 새로운 문제들이 생길 수밖에 없다는 사실을 이해한다. 보르헤스의 한 작품에 등장하는 이레네오 푸네스라는 인물은 말에서 떨어지는 바람에 머리를 다쳐 혼수상태에 빠진다. 그리고 혼수상태에서 깨어났을 때 새 문제와 맞닥뜨린다. 시시콜콜한 일들까지 모두 다 생생하게 기억하는 능력이 생긴 것이다.

푸네스에게 "현재는 참기 힘들 만큼 풍성하고 선명하게 다가왔다. 까마득한 과거의 사소한 기억들도 생생하게 되살아났다." 푸네스는 자신의 기억을 '쓰레기 더미'라며 경멸했다. (어쨌든 모든 걸 다 기억하니) 분명 푸네스는 과거를 기억하는 대신 과거를 반복할 필요는 전혀 없었겠지만, 그렇다고 그가 자유로운 상태였다고 생각한다면 오산이다.[29] 디지털 기록 저장소가 우리의 일상을 재구성하기 훨씬 전에 쓴

『기억의 천재 푸네스*Funes the Memorious*』를 비롯한 몇몇 단편에서 보르헤스는 결코 잊히지 않는 과거의 위험을 예견한 듯했다. 이처럼 전례 없는 규모로 과거를 짊어지고 가야 하는 상황은 성인보다 어린이와 청소년에게 훨씬 더 중대한 결과를 초래할지도 모른다.

잊는 것
그리고 잊히는 것의 가치

분명 대부분 사람은 앞서 살펴본 것 같은 집단 트라우마를 어린 시절에 경험하지 않았을 것이다. 대량 학살 생존자와 난민의 숫자가 엄청나게 많다고 해도 전 세계적으로는 소수일 뿐이다. 또한 유년기가 엄청난 상실과 폭력으로 점철된 사람이라도 계속 간직하고픈 추억이 조금은 있기 마련이다. 때문에 유년기가 완벽하지 않았더라도 철저한 망각을 바라는 사람은 거의 없다. 대다수는 유년기와 청소년기에 스스로 잊고 싶고 다른 사람의 기억에서도 없애고 싶은 일을 경험한다. 예를 들어 사람들은 대부분 중학교 1학년 때 일기장에 적어 둔 시시콜콜한 이야기나 중학교 졸업앨범에 실린 사진이 사람들에게 알려지지 않고 계속 묻혀 있기를 바란다. 일기장과 졸업앨범에 기록된 사건과 인생이 별것 아닌 것처럼 보일지 모르지만, 청소년들에게는 아주 사소한 일도 무척 의미가 크다. 실제로 청소년들의 자아의식은 쉽게 왜곡되거나 과장되는 경향이 있다. 중학교 졸업앨범에 실린 사진이 정확히 어떠한지는 상관없다. 중요한 것은 많은 청소년이 아주 작은 흠결을 찾아낸 후에도 벗어날 수 없는 무능력의 낙인이자 치욕의 근원으로 받아들인다는 사실이다. 수치스러운 경험을 되풀이하고 싶거나 그럴 필요를 느끼는 사람이 있을까?

수치스럽고 모욕적인 경험이 성장에서 빼놓을 수 없는 부분이라는 사실은 왜 유년기 기억이 종종 프로이트의 지적처럼 '이후 시기의 강력한 힘'으로 형성되는지를 설명해 준다. 우리가 기억하는 것은 우리가 늘 별처럼 빛나는 순간뿐이다. 하지만 이것들은 진정한 기억이 아니다. '이후 삶'의 경험을 통해 생겨난 온갖 인습과 검열 충동이 더해지면서 유년기 기억이 '가공'된 것이다. 프로이트는 "누군가가 성인이 될 때까지 보존한 기억들을 분석해 보면 그 정확성을 보장할 수 없음을 쉽게 알 수 있다"면서 "기억 속 그림들 중 일부는 틀림없이 조작됐거나 불완전하거나 시간이나 장소가 뒤바뀐 것들"이라고 주장했다.[30] 우리의 유년기 중 상당 부분은 망각되거나 적어도 '은폐'되며, 따라서 우리 기억은 대개 정확하지 않다는 것이다.[31] 사건들이 새로운 맥락으로 뒤바뀌고, 한 번도 같은 공간에 있지 않았던 사람들이 한데 소환되는가 하면, 경우에 따라서는 객체가 우리 삶 전체를 대체하기도 한다.

프로이트의 주장은 전적으로 정신 분석 상담실에서 기록된 관찰에 근거한 것으로, 20세기 후반 들어 상당한 비판에 직면했다. 하지만 이제 현대 신경 과학은 유년기와 망각에 대해 프로이트가 백 년 전에 펼친 주장에 일부 신빙성을 더해 주고 있다. 그렇다고 우리가 망각의 명확한 정의에 도달했다는 뜻은 아니다. 망각은 기억 자체만큼이나 학문 분야마다 그리고 동일한 분야 내에서도 정의와 설명이 다양하다. 그러나 망각이 달갑지 않을 수도 있음에도 때로는 중요한 기능을 수행한다는 사실만은 점점 더 분명해지고 있다.

신경 과학자 도나 브리지Donna Bridge와 조엘 보스Joel Voss는 2014년 자기공명 영상장치MRI로 실험 참가자들의 뇌를 관찰한 결과 뇌가 기억을 '편집'한다는 증거를 발견했다. 기억은 시간이 흘러도 유지되지만, 적절성을 유지하기 위해 끊임없이 고쳐 쓴다는 것이다. 두 연구자는 자서전적 기억autobiographical memory*과 깊이 연관된 뇌 영역인 해마가, 과거 경험에 관한 기억에 현재의 정보가 영향을 미치도록 중요한 역할을 담당한다고 주장했다. 망각, 그중에서도 최소한 부분적 망각은 전방위적으로 작용하며 특정 역할을 수행할지도 모른다는 게 두 사람이 내린 결론이다. 현재가 과거에 '침투'할 때 현재는 오래된 기억들이 적절성을 유지하고 계속 간직할 만한 가치를 지니도록 해 준다. 그리고 동시에 부적절하거나 불쾌한 정보는 삭제한다.[32]

따라서 정신 분석학이나 신경 과학 중 어느 쪽에 의존하든 비슷한 결론에 도달한다. 기억은 결코 정확하지 않다는 것이다. 기억은 늘 일정 형태의 망각 또는 왜곡의 대상이 된다. 더 오랜 과거로 거슬러 올라갈수록 기억은 더 많이 왜곡된다. 단지 더 오래됐기 때문이라고 할 수도 있지만, 왜 20살 청년이 6~7살 시절을 기억하는 것보다 60살 노인이 20살 시절을 기억하는 게 훨씬 더 정확한지 그런 식으로는 설명할 수 없다. 프로이트는 '은폐 기억concealing memories' 또는 '차폐

---

* 자신의 지난 삶에 대한 개인적 기억.

기억screen memories'이라고 지칭한 유년기에 대한 기억은 '국가적인 전설이나 신화'와 공통점이 더 많다고 주장했다.[33] 다시 말해 유년기 기억은 단순히 특정한 사건을 정확하게 생각해 내는 차원을 넘어, 돌이킬 수는 없지만 중요한 의미를 갖는 순간을 이해하기 위해 때때로 소환되는 이야기라는 것이다. 하지만 몇 가지 의문이 남는다. 유년기에 대한 망각이 그토록 만연한 까닭은 무엇일까? 시간이 흐르면서 선택적으로 재구성된 특정 장면만 기억하는 데는 어떤 의도가 있는 것일까?[34]

전설과 신화의 목적은 다른 방법으로는 설명할 길 없는 현상을 설명하는 것이다. 우리의 유년기 기억이 이 범주에 해당한다면, 이는 아마도 성장 자체가 신화에 기대야 완전히 이해되는 힘겹고도 신비로운 과정이기 때문일지도 모른다. 전설과 신화는 둘 다 경험적 증거 없이 회자되지만, 신화의 경우는 종종 부분적인 사실(현실처럼 보일 만큼 증거에 기반하지만 현실의 반영이라기엔 충분히 실증적이지는 않은)에 근거하기도 한다. 그런데 만약 우리의 어린 시절을 전설과 신화로 바꾸는 마법 같은 힘을 빼앗긴다면 어떻게 될까? 스스로 만들어 낸 이야기 속 영웅이 될 방법을 더 이상 찾을 수 없다면? 유년기에 대한 우리의 기억이 더 이상 현실을 닮은 이야기들에 의존하지 않고, 온라인에 공유된 사진과 영상 같은 증거 자료들에 주로 의존하게 된다면?

아마도 스스로 잊는 능력보다 훨씬 더 중요한 것이 타인에게서 잊히는 능력일지도 모른다. 미래의 친구나 고용주, 연인, 자녀를 비롯한 타인이 나의 과거 모습을 절대 보지 않아야 한다면, 이는 곧 성인이 되는 과정이 지식의 축적인 동시에 망각의 축적이어야 한다는 뜻이다. 분명 어른이 되는 것은 역사적으로 '앞으로 나아가는 일'이자 유년기와 청소년기에 발목 잡혔던 난처하고 곤란한 일들과 결별한다는 의미였다. 한 예로 과거에는 청소년이 성인 세계에 첫발을 내딛는 것을 공들여 기념했는데, 그중 일부 의식에는 아예 망각이 정식 절차에 포함돼 있었다. 인류학자 방주네프Arnold van Gennep는 1909년 작『통과의례The Rites of Passage』에서 성년식 당사자들이 종종 '죽은 체'해야 한다는 점을 지적했다(이를 위해 보통 페요테* 같은 환각제나 채찍질 같은 폭력적 수단이 사용된다). 이 의식의 목적은 (당사자가) 자신의 과거 모습과 과거 세상을 잊는 것이다.[35] 이런 성년식의 밑바탕에는 성인기로 들어서려면 유년기와의 완전한 결별, 즉 실제로 과거를 잊는 과격한 단절이 필요하다는 전제가 깔려 있다.

결국 이 장 첫머리에서 제시한 보편적인 문제로 돌아간다. 오늘날 청소년들은 더는 감내하고 싶지 않은 과거의 흔적을 쉽게 없앨 수 없게 되었다. 이 딜레마는 단지 굴욕 사진을 슬며시 삭제하지 못하게 된 정도가 아니다. 아날로그에서 디지털로의 전환은 적어도 세 가지 중요한 측면에서 과거를 경험하는 방식에 영향을 미치고 있다. 첫째, 오늘날에는 청소년의 모습을 담은 이미지들이 그 어느 때보다도 많이 유포되고 있다. 둘째, 사상 처음으로 이 이미지들은 대부분 어린이와 청소년들이 직접 찍은 것이다. 셋째, 현시대만의 독특한 양상인데, 과거의 이미지뿐 아니라 이 이미지들과 연관된 사회 관계망까지

---

* 선인장에서 채취한 마약.

모조리 보존할 수 있게 됐다. 인터넷에 사진을 올리면 보통 친한 사람들과 낯선 이들이 한데 섞인 전체 소셜 네트워크에 링크된다. 때문에 오늘날 청소년들은 디지털 사진과 영상뿐만 아니라 계속 유지하고 싶을 수도 있고 그렇지 않을 수도 있는 사회적 맥락 전체를 짊어지고 가야 할 수도 있다. 유럽연합 집행위원회European Commission가 '정보 주체data subjects'에게 개인 정보, 그중에서도 특히 어렸을 때 만들어진 정보에 대한 삭제 권한을 부여하는 법안을 마련한 것은 이 때문이다.[36]

지금 나는 디지털 미디어가 아이들에게 해를 끼칠 수밖에 없다고 주장하는 것이 아니다. 지금까지 거의 모든 뉴미디어 기술은 잠재적 위험에 대한 공포를 불러일으켰는데, 이런 반응은 대부분 아이들은 순수하다는 그릇된 전제에서 비롯되었다. 또한 청소년들이 디지털 미디어에 접근하지 못하도록 제한해야 한다고 주장하려는 것도 아니다. 그보다는 유년기 및 청소년기와 결별하고 유년가 기억을 편집할 수 있는 능력이 심각하게 위협받고 있는 시대에 어떤 위험이 발생할 수 있는지 살펴보려는 것이다.

지금 우리는 어린 시절의 기록이 그야말로 쳇바퀴처럼 반복해서 드러날 수도 있는 상황에 직면했다. 고등학교 졸업앨범이나 개인 사진첩, 신발 상자에 가득 담아 둔 기념물들과 달리 소셜 미디어 플랫폼에 누적되는 정보는 타인의 수집품이기도 하다. 과거 흔적들이 네트워크로 연결되고 링크되면서 우리는 이제 그것을 완전히 통제할 수 없게 됐다. 이는 어린 시절 형성된 사회 관계망이 성년기 삶 내내 유지될 가능성이 높다는 뜻이다.

지금 우리 앞에 펼쳐진 세상은 단순히 개인 기록물에서 공유 기록물로의 전환, 즉 맨손으로도 쉽게 없앨 수 있는 기념물에서 우리 손을 완전히 벗어난 기념물로 바뀐 정도가 아니다. 과거와 단절하는 능력이 심각하게 제한을 받고, 심지어 우리의 과거 관계망을 보존하는 데 투자한 민간 기업들이 그 능력을 통제할 수도 있는 세상이 다가왔다. 한때는 적절히 감내할 수 있는 정보만 간직하기 위해 유년기 기억을 편집하거나 '덮어 쓰는' 일이 가능했지만, 이제는 과거와의 관계를 우리 손으로 통제할 수 없는 시대에 접어들었다. 개인 사진첩을 비롯해 정보로 변환될 수 있는 개인적인 관계나 몸짓, 심지어 욕망까지 점점 더 타인의 수중으로 넘어가고 있다. 여기서 초래되는 결과들은 '성장하여 집을 떠나는 것'의 의미에 막대한 영향을 미칠 것이다. 지금까지 드러난 것은 시작에 불과하다.

1장

SNS 시대, 아이들에게 열린 새로운 세상

소셜 미디어 이전과 이후

유년기는 지난 수 세기 동안 다양한 매체에 기록되고 보존돼 왔다. 17세기 귀족들의 초상화부터 가족 스냅 사진, 필름이나 비디오테이프에 저장된 홈 비디오까지 각 시대마다 이미지를 담는 새로운 기술이 등장하면서 유년기는 다양한 형태의 기록 매체에 다양한 결과물로 남았다. 초창기 초상화가 대개 넓은 사회적 정치적 맥락 안에 아이들을 상징적으로 배치하려 했다면, 최초의 어린이 사진은 대부분 사진사의 작업실이라는 고립된 공간에서 아이들을 담아냈다. 그러나 보다 일상적인 형태의 이미지 생산 방식이 등장하면서 아이들의 삶은 점점 더 실체를 드러내기 시작했다. 사진술이 작업실을 벗어나 평범한 사람들의 손에 들어가자, 아이들이 집 안을 엉망진창으로 어지럽히거나 와락 울음을 터뜨리는 순간까지 담을 수 있게 된 것이다. 휴대용 사진기가 등장하면서부터는 처음으로 아이들이 자기 관점으로 스스로를 표현할 수 있게 됐다. 각각의 변화들이 다 의미 있지만, 디지털 시대는 몇 가지 측면에서 앞선 시대의 이미지 생산과 확연히 구분된다.

과거에 어린아이는 물론 청소년들도 자신이 성장하면서 겪는 경험을 기록할 수단이 마땅치 않았다. 사용 가능한 기술이 있더라도 대개 어른들의 통제를 받았고, 비용 때문에 쉽게 접할 수 없었다. 휴대용 필름 카메라나 캠코더 같은 초기 미디어 기술이 (학교 연주회나 생일 파티, 졸업식 같은) 행사를 기록하는 데 사용되긴 했지만, 역시 비용 문제로 일상적인 삶의 현장을 그대로 담아내지는 못했다. 오늘날 셀카에 포착되는 이미지 가운데 많은 부분이 아날로그 사진 시대에는 아예 존재하지 않았던 셈이다. 마지막으로, 할아버지 할머니나 친구들에게 주려고 사진을 추가로 더 인화하는 경우도 가끔 있긴 했지만, 개인 사진은 대부분 한 장씩만 남겼다. 개인 사진은 널리 공유하기 위해서가 아니라 (가족 사진첩처럼) 개인적으로 보관하려고 찍었던 것이다. 홈 비디오도 마찬가지였다. 필름으로 촬영했든 비디오테이프로 찍었든 홈 비디오는 대부분 단 하나만 존재하는 인공물이었다. 그러다가 디지털 사진과 영상의 등장, 카메라와 휴대폰의 결합, 소셜 미디어 플랫폼의 개발로 이런 제약들이 대부분 사라졌다. 디지털 미디어와 소셜 미디어 플랫폼은 사람들 간에 공유되는 이미지의 생산 방식과 내용, 양뿐 아니라 현재와 미래에 이 이미지들을 소비할 잠재 관객까지 완전히 바꾸어 놓았다.

사진술 발명 이전
아이들의 자기표현

유년기가 확립된 개념으로 널리 인정받기 전에도 아이들은 예술 작품에 등장했다. 고대의 주전자나 중세의 태피스트리*에서 아이들 모습을 찾아볼 수 있다. 그러나 유년기의 삶 자체를 다룬 작품은 흔치 않았다. 16세기 후반에 이르러서야 화가들이 아이들과 유년기를 그림의 소재로 삼기 시작했지만, 그마저도 흔치 않았다.[1]

안니발레 카라치Annibale Carracci의 〈고양이를 놀려 대는 두 아이Two Children Teasing a Cat〉(1587~1588)에서 우리는 16세기 유년기의 모습을 엿볼 수 있는데 이는 흔치 않은 장면이다. 이 그림에서 어린 여자아이는 나이가 몇 살 더 많은 남자아이가 가재를 들고 오렌지색 털빛의 고양이를 약 올리는 모습을 바라보고 있다. 이 작품은 혼자 덩그러니 앉아 있거나 가족과 함께 포즈를 취한 아이들의 초상화가 아니라 동심의 세계를 살아가는 아이들의 모습을 묘사한 흔치 않은 그림이다. 놀이가 있고, 애완동물이 등장하고, 무엇보다 어른들 모습이 눈에 띄지 않는다.

16세기 후반부터 17세기 중반까지는 뒷자리로 물러난 아이들의 모습이 더 흔하게 나타났다. 때론 아이들이 앞에 놓인 물건보다도 가장의 관심에서 밀려난 듯한 가족 초상화였다.[2] 샤를 르브룅Charles Le Brun

---

*   색실로 그림을 짜 넣은 직물.

이 1660년에 그린 대형 가족 초상화 〈에버하르트 야바흐와 그의 가족Everhard Jabach and His Family〉에서 이런 모습이 잘 드러난다. 그림에서 야바흐의 네 자녀는 책과 그림, 고대 흉상, 지구본 등 야바흐의 멋진 소장품에 밀려 부차적 역할에 그치고 있다. 하지만 르브룅의 야바흐 가족 초상화에 등장하는 아이들은 분명 아이들로 묘사돼 있다. 다시 말해 아이들의 복장과 포즈를 취한 모습에서 그들이 보호받는 존재라는 느낌을 준다.

반면 당시 많은 다른 유럽 화가의 그림에서 아이들은 여전히 성인의 축소판으로 묘사되고 있다. 유럽에서 유년기의 개념은 모든 계층에서 동시에 출현하지 않았던 것이다.[3] 장 미슐랭Jean Michelin의 1656년 작 〈빵장수The Baker's Cart〉에는 빵장수가 빵을 담은 수레에 기대 서 있고, 그 옆에는 늙은 행상 아낙네와 또 다른 남성 그리고 네 명의 아이가 있다. 이 그림에서 아이와 성인의 차이라고는 오로지 키뿐이다. 아이와 성인의 복장과 행동, 표정 모두 거의 구별하기 힘들어서, 이 세상에 아이들을 위한 특별한 공간이나 역할 따위는 없어 보인다.

18세기부터 19세기 초반까지는 유럽의 화가들이 유년기를 그림 소재로 받아들이는 일이 더욱 잦았다. 일례로 18세기 프랑스 화가 장 시메옹 샤르댕Jean Siméon Chardin은 오늘날에도 흔하게 볼 수 있는 아이들의 모습을 담아냈다. 〈카드 집짓기 놀이를 하는 소년Boy Building a House of Cards〉(1730년대)은 카드 한 벌로 혼자 놀고 있는 어린 남자아이의 모습을 보여 준다. 지금까지 남아 있는 네 개의 연작 중 하나인 이 그림에서 이 남자아이는 앞치마를 두르고 있는데, 이는 하인 신분임을 드러내기 위해 추가한 디테일로 보인다. 귀족과 노동자 계층 아이들이 모두 등장하는 샤르뎅의 연작에서 우리는 성인기와는 구별되는 인생의 시기로서 유년기가 갖는 특별한 위치에 대해 사람들의 인식과 관심이 높아졌음을 알 수 있다. 물론 기록적인 관점에 가깝게 유년기를 담아낸 샤르뎅의 작품조차 철저히 성인 화가의 시선으로 규정된다.

16세기부터 18세기에 이르는 동안 아이들이 자신을 표현할 수 없었다는 사실은 그다지 놀랍지 않다. 그 당시는 자기표현이 성인들에게조차 생소한 시대였기 때문이다. 가동 활자의 발명으로 글을 아는 사람이 크게 늘면서 집단적인 공동체 활동을 중요시하던 중세의 구술 중심 사회는 보다 사적이고 개인주의적인 사회에 자리를 내주고 밀려났다. 그 결과 수필이나 일기 같은 새로운 글쓰기 장르가 다수 탄생했으며,[4] 전부는 아니더라도 최소한 특정 계층의 성인들은 글쓰기와 읽기를 통해 자신의 내면을 탐구하는 자유를 얻었다. 그리고 이러한 초기 인쇄 문화는 아이들에게 훨씬 더 큰 영향을 미쳤다.

많은 역사가는 가동 활자 발명의 수많은 파급 효과 중 하나로 성인 문화와 아동 문화의 분리를 포함했다.[5] 하지만 성인 세계에서 떨어져 나온 것만 인쇄술의 영향이라고 결론 내리면 안 된다. 아이들이 성인 세계에서 점점 더 이탈하자 아이들의 학습 내용과 행동, 심지어 생각까지 통제하는 것을 주목적으로 하는 새로운 책들이 등장했다. 15~18세기에 유통된 책 중에는 교육 안내서와 육아 서적, 행동 규범집이 가장 인기가 높았다. 아이들을 어떻게 기르고 가르칠지 조언하는 지침서들은 초기 출판업자의 주된 수입원이었다. 물론 아이들은 그런 책의 주제일 뿐 저자는 아니었다. 때문에 당시 화가들의 작품

소재로 채택되는 일이 드물었던 유년기가 인쇄물에서는 넘치는 관심을 받아, 교육용 소책자와 자녀 교육 지침서, 초급 독본, 규범집, 가사 안내서, 교리 문답서 등이 발간됐다. 이 책들은 마치 아이들이 특별한 주의가 필요한 개별 부품들이 결합돼 작동하는 기계라도 되는 것처럼 이렇게 하면 아이가 정상 작동할 수 있다는 지침을 제시했다. 교육용 소책자와 교육 안내서는 아이들의 마음을, 육아 서적과 가사 안내서는 아이들의 육체적·사회적 행복을 겨냥했고, 규범집과 교리 문답서는 아이의 도덕 발달을 통제하려고 했다. 아이들에 관해 다루지 않는 부분은 없었다. 이런 추세에 대해 훗날 미셸 푸코Michel Foucault는 과도한 기록의 대상이면서도 침묵을 강요받는 대상으로, 환자와 미치광이, 죄수들 그리고 아이들을 꼽았다. 푸코는 "실생활을 글로 바꾸는 이런 작업은 대상화와 종속이라는 과정으로" 기능했다면서, 이런 상황에서 학교는 "말을 거의 사용하지 않고 신호 말고는 설명 없이 침묵으로만 일관하며" 가르침을 전달하는 곳으로 자리를 굳혔다고 지적했다.[6]

유년기가 고안된 이래 처음 4세기 동안 아이들은 섬뜩할 만큼 침묵을 지켰다. 성인의 눈을 통해 예술 작품에 간간히 모습을 드러냈고, (교육과 도덕, 의료 분야의) 수많은 담론의 대상으로 탐구됐지만, 아이들 스스로 목소리를 내거나 자기 생각을 표현하도록 허용되는 경우는 거의 없었다. 빛을 이용한 글쓰기, 즉 사진술이 등장하고 나서야 마침내 유년기는 갇혀 있던 어두운 구석에서 벗어났고, 아이들은 자기표현에 필요한 도구를 손에 쥐게 됐다.

사진술 시대의
자기표현

18세기 동안 아이들과 유년기가 그림에서 묘사되는 빈도는 점점 늘었지만, 아이들이 자기 삶을 표현할 수단은 여전히 찾기 힘들었다. 대개는 스케치나 낙서 같은 것으로 자기를 표현하던 상황인 데다, 초상화를 그리려면 다년간 기술을 연마해야 했기 때문이다. 쉽게 말해 아이들은 숙련된 화가가 아니었기 때문에, 사진술이 발명되기 이전 시대에 유년기의 자기표현은 흔치 않은 일이었다. 그리고 마침내 사진술이 발명되면서 아이들은 자기 삶을 표현할 수 있었다. 시간이 지날수록 사진은 유년기를 기록하는 데 없어서는 안 될 역할을 했고, 새로운 기술 개발도 촉발했다. 하지만 이렇게 변화하기까지는, 거의 백 년에 가까운 시간이 걸렸다.

카메라 옵스큐라camera obscura*를 이용한 실험은 고대까지 거슬러 올라가지만, 사진술이 발명된 시기는 프랑스와 영국이 앞다퉈 일련의 실험을 하고 관련 특허를 출원한 19세기 초반이라는 데 견해가 일치한다. 초기 사진술의 개발을 놓고 치열한 경쟁이 벌어진 덕분에 이 새로운 이미지 생산 수단은 상업적으로 점점 더 성공하고 시장을 넓혀 나갔다. 1840년대에 상업용 사진은 이미 많은 유럽 도시에서 확고히 자리를 잡아서, 1847년에는 파리 한 곳에서만 200대가 넘는 카메

---

* 사진 기술의 출발점이 된 암실 상자.

라와 약 50만 개의 감광판이 팔려 나갔다. 1850년대 들어 현상 과정 관련 고유 특허들이 추가로 풀리면서 사진술은 보통 사람을 위한 보통 사람의 매체로 더욱 입지를 굳혀 갔다. 1861년에는 33,000명이 넘는 파리 시민이 사진술과 관련된 거래로 생계를 이어 간 것으로 드러났다.[7]

유럽에서 사진술이 주요 산업으로 발전한 것은 인물 사진의 인기와 관련이 깊다. 초상화는 여전히 최상위 특권층 가문의 전유물이었지만, 인물 사진은 사진술의 발전으로 점점 더 널리 보급됐다. 19세기 중반이 되자 평범한 노동자 가정도 가족사진 한 장쯤은 찍을 수 있었고, 인물 사진을 찍으려고 일부러 대도시를 찾을 필요가 없을 정도가 됐다. 1860년대에는 작은 마을에도 사진관이 많이 들어섰고, 순회 마차에 실린 이동 사진관이 외딴 벽지까지 사람들을 찾아갔다.[8]

혼자든 부모와 함께든 아이들은 초창기 인물 사진사들에게 가장 인기 있는 소재였다. 사진술이 등장했을 때는 이미 유년기 개념이 서구 문화에 단단히 뿌리내린 뒤여서, 아이들은 (의사부터 교육자까지 모든 사람에게) 인기 있는 탐구 대상이자 흠모의 대상으로 자리 잡았다. 사진술은 아이들을 좀 더 가까이 탐구하고(사진기의 도움을 받아 인간의 눈으로는 쉽게 볼 수 없는 현상을 관찰할 수 있었다), 유년기를 기념하고 보존할 수 있도록 길을 열어 주었다.

아이들과 유년기에 대한 심취는 상대적으로 접근하기 쉬운 사진 매체와 결합하면서 19세기 말이 되자 아이들이 사진사의 렌즈를 피하기가 어려워졌고, 20세기 말에는 거의 불가능해졌다.[9] 실제로 1916년 코닥Kodak이 사진 전문지 『코다커리Kodakery』를 창간할 무렵에는 아이들 사진이 확고하게 입지를 굳힌 상태여서, 코다커리의 지면이 온통 아기와 아이들 사진으로 도배되다시피 했다. 코다커리는 잠시도 가만히 있는 법이 없는 어린아이를 잘 찍는 법이나, 아이가 크면서 즐겨 볼 만한 추억 앨범 만드는 법 같은 아이 사진 촬영 팁도 정기 연재했다.[10]

코다커리가 발행된 즈음 사진계에 또 다른 변화가 일어났다. 아이들이 스스로 사진 찍는 능력을 습득한 것이다. 19세기 내내 아이들은 그림과 인쇄물의 시대처럼 침묵을 지켜 왔다. 이는 두 가지 기술적 제약 때문이었다. 첫째, 카메라가 크고 무겁고 복잡해서 아이들이 조작하는 게 불가능하지는 않더라도 힘이 들었다. 둘째, 롤필름이 발명되기 전까지 사진사들은 필름을 직접, 그것도 무척 빨리 현상해야 했다. 찍자마자 현상하지 않으면 사진 건판*은 이미지가 영구적으로 손상돼 버렸다. 사진 현상에 필요한 지식과 기술, 속도를 감안하면 19세기 아이들 중에 자기 이미지를 직접 만들 수 있는 사례는 극히 드물었다.

하지만 다음의 두 가지 기술 발전이 사진술과 '아이들이 자기 삶을 표현하는 능력'에 영구적인 영향을 미쳤다. 먼저 19세기 후반에 가볍고 사용하기 쉽고 휴대할 수 있는 최초의 콤팩트 카메라가 등장했다. 그리고 롤필름이 발명되었다. 롤필름을 사용하면 누구나 사진을 찍고 나서 다른 사람에게 현상을 맡길 수 있었다. 이후 롤필름은 백 년

---

* 　롤필름이 개발되기 전까지 사용된 유리판 형태의 감광판.

가까이 사진 시장을 석권했고, 조지 이스트먼George Eastman이라는 사업가는 새롭고 더 간단하고 더 안전한 방식을 이용해 아이들이 자기 삶을 표현하는 능력은 물론 유년기 자체에도 중대한 영향을 미칠 일을 해냈다. 어린이 전용 카메라를 만들어 낸 것이다.

어린이 전용
미디어 기술의 등장

이스트먼은 절묘하게도 빅토리아 시대에 인기 절정을 달린 파머 콕스Palmer Cox의 동화 시리즈 『브라우니The Brownies』의 장난꾸러기 캐릭터 '브라우니'에서 제품 이름을 따왔다. 브라우니 카메라의 등장으로 사진은 전문가들과 진지한 아마추어들만을 위한 이미지 생산 수단에서 누구나 사용할 수 있는 도구로 바뀌었다. 조지 이스트먼 하우스*의 기술 큐레이터 토드 구스타프슨Todd Gustavson은 "포장 상자와 광고에 브라우니가 뛰어다니는 모습을 담아 브라우니 카메라가 아이들을 위해 만들어졌다는 것을 확실하게 각인할 수 있었다"고 말했다. 모든 브라우니 카메라에는 사진 촬영 팁과 브라우니 카메라 클럽 가입 안내문이 담긴 54페이지짜리 소책자가 딸려 있었다. 장난감용으로 개발된 브라우니 카메라는 대당 가격이 불과 2달러(현재 가치로는 약 60달러)

---

*   이스트먼 사후 그의 저택에 조성된 박물관.

로 비교적 저렴했다. 저렴한 가격 덕분에 많은 초보 성인 사진가에게도 인기였지만, 브라우니는 주로 미래의 사진가인 어린이를 위한 입문용 카메라로 이름을 알렸다.[11] 브라우니는 나이 어린 소비자를 유인해 브랜드 충성도를 구축한 초기 성공 사례로 손꼽힌다.

브라우니의 등장으로 앞서 어떤 미디어 기술도 이루지 못한 두 가지가 실현됐다. 먼저 브라우니는 카메라를 장난감으로, 사진을 놀이로 바꿔서 아이들이 자신들의 세상을 자기들만의 관점으로 표현할 수 있게 했다. 그리고 성인이 아닌 아이들의 필요와 욕구를 동력으로 새로운 기술이 개발된 사례를 만들어 냈다.

브라우니가 등장하기 전까지만 해도 인쇄기부터 전신, 타자기 등 새로운 미디어 기술은 성인의 요구에 부응해 (놀이가 아닌) 일을 돕기 위해 개발됐다. 하지만 이스트먼은 아마추어 애호가와 아이들의 필요에 주목함으로써 일보다는 놀이에 초점을 맞춘 제품의 중요성을 간파했다.[12] 브라우니 이후로, 1970년대까지 어린이와 청소년이 새로운 미디어 기술 개발에서 큰 역할을 감당하지 못했음을 생각하면, 이스트먼의 통찰과 결단력이 얼마나 대단한 것이었는지 알 수 있다.

1970년대에 접어들자 게임 개발사인 아타리Atari가 어린 소비자를 염두에 두고 게임을 개발하기 시작했다. 1970년대 후반 아타리는 애플이 출시한 컴퓨터와 경쟁할 수 있는, 저렴하면서도 아이들이 사용하기 편한 컴퓨터를 생산하기 위해 가정용 컴퓨터 전담 부서도 발족했다. 1976년 애플을 공동 창업한 스티브 잡스는 그전에 아타리에서 게임 개발자로 성공적인 경력을 쌓았는데, 그때 기업 임원들보다는 (나이 어린 소비자를 포함한) 평범한 소비자를 대상으로 한 기술 개발의 중요성을 깨달았던 것으로 보인다. 오늘날 잡스의 업적 중 상당 부분은 이 같은 비즈니스 모델을 추구한 그의 결단에서 나왔는데, 잡스가 태어나기 반세기도 전에 조지 이스트먼이 평범한 소비자를 위한 기술 개발의 중요성을 깨달았다는 점에서 보면 잡스에게 보낸 찬사를 거둬들여야 할지도 모르겠다.[13]

브라우니는 70년 넘게 판매됐다. 제품 탄생 이후 첫 10년 동안 코닥은 지속해서 확대되는 시장에서 인기를 잃지 않으려고 시제품을 개선하여 50개가 넘는 변형 모델을 출시했고,[14] 이후 40년 동안 200개 가까운 모델을 시장에 선보였다. 이 시기에 유년기 역시 사진을 통해 점점 더 그 존재감을 드러냈는데, 코닥은 자신들이 판매하는 저렴한 휴대용 카메라가 이 변화에 기여하고 있음을 잘 아는 듯했다.

1923년 발간된 『코다커리』에서 한 평론가는 유년기를 기억하는 우리의 능력을 철학적으로 반추하면서 "코닥은 기억의 동반자. 말 한마디 없이도 흥미로운 제안을 가득 안겨 주는 달변의 동반자"라고 평했다.[15] 1923년 발행된 다른 『코다커리』에서는 코닥 카메라를 망각 문제의 치료제이자, 충격적인 과거 사건을 과장하려는 인간 기억에 대한 해결책으로 홍보했다. 해당 글을 쓴 저자는 "나는 코닥 카메라가 세상에 존재하기 전에 태어났다"며 "얄궂게 생긴 깡통 도시락을 들고 빨간 벽돌로 지은 학교에 처음 등교하던 우스꽝스럽던 내 모습을 담은 사진이 남아 있다면 얼마나 좋을까 생각해 왔다. 그날의 기억이 지독히 인상적으로 남아 있긴 하지만, 그래도 사진이 있었으면 좋겠다"고 아쉬움을 토로했다. 이 저자는 사진의 도움으로 과거를 기억하는 게 더 쉬워졌을 뿐 아니라, 번번이 개인적인 기억을 과장하거나 모호하게 만드는 '속임수'를 피하기도 더 쉬워졌다면서 "기억은 행복했던 순간을 무척 선명하게 보여 주고 불쾌했던 순간은 아주 흐리게 만드는 유쾌한 속임수를 부린다"라고 되뇌었다.[16]

이 글의 메시지는 분명하다. 코닥 카메라가 있으면 불쾌했던 순간을 억누르거나, 반대로 사소한 일을 실제보다 더 강렬하게 또는 중요하게 기억하지 않아도 된다는 것이다. 당시 코닥 카메라는 기억을 돕는 보조 기구이자 중요한 교정 수단으로 광고했는데, 이는 불과 십년 전 프로이트가 유년기에 일어난 일들, 그중에서도 특히 충격적인 사건을 사실상 은폐하거나 왜곡한다고 해서 이름 붙인 '차폐 기억' 또는 대체 기억을 방지한다는 뜻이었다.[17]

이런 점에서 브라우니를 비롯한 저렴하고 사용이 간편한 카메라는 두 가지 측면에서 유년기에 영향을 미쳤다. 먼저 아이와 성인 모두를 대상으로 사진의 대중화를 촉진하여 유년기가 더욱 충실히 기록된 결과, 사진을 통해 유년기를 기억하고 이해하게 됐다. 더 중요한 것은 아이들에게 자기표현을 할 수 있는 수단을 처음으로 제공했다는 점이다.

물론 그렇다고 브라우니에 한계가 없었던 것은 아니다. 브라우니를 구입할 수 있는 사람은 많았지만(실제로 20세기 초중반 수십만 명의 아이들이 브라우니 카메라를 사용하며 성장했다), 필름값과 현상 비용은 늘 걸림돌이었다. 브라우니 출시 초기에 카메라 필름은 한 롤 당 15센트였는데, 롤 하나로 6장밖에 찍을 수 없었다.[18] 1910년 미국 노동자 중에는 시급이 20센트가 채 안 되는 사람들이 있었고 노동조합에 가입한 숙련공도 시급 50센트를 넘기기 힘들었다.[19] 사진 12장 찍는 데 드는 돈이 웬만한 성인 노동자의 시급보다 많기도 했던 것이다. 그러니 당시 아이들에게 하루에 사진을 20장 넘게 찍는 건 상상조차 할 수 없는 일이었다(요즘이야 아주 흔하지만). 브라우니를 비롯한 20세기 필름 카메라의 제약 요인은 이게 전부가 아니었다.

아날로그 사진의 세계에서는 표현 대상 또한 제약을 받았다. 사진을 찍는 사람은 현상 비용을 들일 만큼 기억할 가치가 있는 순간을 결정해야 했다. 검열도 문제가 됐다. 자기 소유 카메라에 현상용 접시와 인화 장비까지 갖추었거나 사진 동호회에 가입해 암실을 쓸 수 있는 게 아니라면 동네 사진관에 필름을 가져가서 현상을 맡겨야 했다.[20] 대부분 사람은 사진관 점원이나 1960~1980년대 북미 대륙 곳곳의 쇼핑몰 주차장 한편에 덩그러니 자리 잡고 있던 포토맷Fotomat* 직원들을 거의 의식하지 않았지만, 이곳 직원이나 현상 공장에서 일하는 사람들은 맡겨진 사진을 살펴보고 때로는 검열하기도 했다.

1986년 《시카고 트리뷴》은 미국 일리노이주 애디슨에 위치한 거대한 포토맷 현상 공장에서 야간 근무조로 일하는 낸시 엉거에 관한 짤막한 기사를 실었다. 엉거는 끝도 없이 이어지는 풍경 사진과 생일 파티 사진 사이에서 관에 담긴 수천 구의 시체와 엉덩이를 노출한 사진은 물론 정교하게 연출된 가정용 포르노 사진을 본 적이 있다고 밝혔다. 엉거의 말을 빌리자면 "이 직업에 종사하다 보면 세상에 이상한 사람이 얼마나 많은지 알게 된다."[21] 대부분의 현상업체와 마찬가

---

*   드라이브 스루 방식의 사진 인화점 체인.

지로 포토맷은 선정성이 무척 높은 사진에 대해 관대한 정책을 취했지만, 아동 관련 포르노는 법에 따라 반드시 신고해야 했다. 이 법은 청소년에게 문제가 됐다. 성인이야 야한 셀카를 찍어도 대개 그냥 넘어갈 수 있었지만, 십대 청소년이 자기 자신을 찍거나 서로 찍은 야한 사진은 아동 포르노로 분류될 수 있기 때문에 신고당했다.[22] 이처럼 아날로그 시대의 어린이와 청소년들의 자기표현은 대개 부모의 감시의 눈길 말고도 외부 검열과 자체 검열을 함께 받았다. 그러나 오늘날 디지털 카메라가 달린 휴대폰과 비슷한 수준의 자유를 누리게 해준 사진 기술이 하나 있었으니, 바로 폴라로이드Polaroid였다.

청소년 문화와
폴라로이드 카메라

21세기 카메라폰을 이용한 이미지 생산 활동을 부분적으로나마 한발 앞서 구현한 기술은 브라우니가 아니라 폴라로이드, 더 정확히는 폴라로이드 스윙어Polaroid Swinger이다. 즉석카메라가 처음 등장한 때는 1940년대였지만, 에드윈 랜드Edwin Land가 랜드 카메라Land Camera 보급형 제품을 개발해 시장에 내놓은 것은 1960년대 중반이었다.[23] 브라우니처럼 랜드의 즉석카메라도 어린 촬영자를 최우선으로 고려해 개발됐다. 하지만 브라우니와 달리 랜드 카메라는 어린이보다 주로 청소년을 겨냥했다.[24] 랜드는 이 연령대가 (주로 2차 세계대전 이후 베이비붐 때문에) 전체 인구에서 상당히 큰 비중을 차지하는 데다 쉽게 영향을 받는 소비자층이라는 사실을 간파했다. 때문에 그는 자신이 개발한 즉석카메라의 양산형 모델을 생산하면서 청소년들의 필요와 욕구를 우선 염두에 두었다.

스윙어*라는 도발적인 이름을 붙인 이 카메라는 재미있고 가격도 적당한 데다 『아메리칸 걸American Girl』 같은 청소년 대상 잡지와 《배트맨Batman》, 《로스트 인 스페이스Lost in Space》 같은 1960년대 인기 TV 프로그램의 중간 광고를 통해 대대적으로 홍보됐다. 영화역사학자 피터 뷰즈Peter Buse의 지적에 따르면 청소년들은 폴라로이드 카메라의 가장 중요한 홍보대상이었을 뿐 아니라 "인화지가 내장된 즉석카메라를 자연스럽고 본능적으로 이해하는 가장 자발적인 참여자"[25]였다. 청소년들이 폴라로이드 기술에 본능적으로 친근감을 느낀다는 뷰즈의 주장을 수긍하기 힘들다면, 디지털 카메라폰 시대에도 폴라로이드 사진은 살아남았다는 사실을 생각해 보라. 물론 폴라로이드가 오늘날 흔한 이미지 생산 방식은 아니지만, 십대 청소년 사이에서는 인기 있는 놀이로 명맥을 이어 가고 있다. (십대 청소년과 청년층이 주 고객인 의류 매장 어반 아웃피터스Urban Outfitters는 폴라로이드 카메라와 필름, 액세서리 판매 전용 코너를 운영하고 있다.) 그렇다면 폴라로이드가 오랫동안 청소년들의 관심을 끌어 온 비결은 무엇일까?

폴라로이드에는 브라우니를 비롯한 롤필름 카메라에는 없는 특징이 적어도 두 가지 있다. 먼저, 폴라로이드는 평범한 십대 사진 촬영

---

* '유행의 첨단을 달리는 사람' 외에 '파트너를 바꿔 자유로운 성생활을 즐기는 사람'이라는 뜻도 있다.

자들의 일시적 성향temporality을 반영한다. 필름을 현상할 필요가 없기 때문에 사진을 찍자마자 감상할 수 있다. 1970년대 폴라로이드 스윙어 광고는 청소년들이 사진을 찍자마자 서로 공유하는 모습을 보여주며 신속하게 사진을 출력해서 볼 수 있다는 점을 강조한 반면, 훗날을 위해 사진을 보관하는 모습은 찾을 수 없었다. 1990년대 폴라로이드 조이캠Joycam 광고는 한발 더 나아가 청소년들이 수영장에서 폴라로이드 사진을 함께 감상하는 모습을 강조했다. 사진 보존과는 전혀 거리가 먼 수영장을 상징적 장소로 선택한 것이다.[26] 이 광고에는 즉석 사진이 '현재의 즐거움'을 위한 것이지 기억의 보전을 위한 것은 아니라는 메시지가 담겨 있다. 코닥이 자사의 보급형 카메라를 기억을 저장하는 장치로 홍보했던 것과는 무척 대조적이다.

폴라로이드 카메라는 부모와 필름 현상업체 양쪽의 검열을 효과적으로 우회할 수 있다는 점에서도 차별화됐다. 이전까지는 일탈 사진을 손에 넣으려면 암실을 쓸 수 있어야 했고 현상 과정에 대한 기본적인 지식을 갖춰야 했다. 하지만 폴라로이드가 등장하면서 암실도 현상 지식도 필요 없어졌다. 즉석에서 이미지를 만들어 내는 이 새로운 '장난감'만 있으면 청소년들은 자기 성기 사진이나 학교 담벼락 뒤에서 마리화나를 피우는 친구 사진을 찍고도 무사할 가능성이 꽤나 높았다.[27] 폴라로이드 카메라를 그런 용도로 사용하는 게 보편적인 일은 아니었지만, 자기 부모가 됐든 수백 킬로미터 떨어진 현상소 직원이 됐든 성인의 감시를 피할 수 있다는 점은 폴라로이드 기술이 선사하는 매력이었다.[28]

어른들의 통제를 피하는 방법을 제공한다는 점에서 폴라로이드 카메라는 아날로그 시대 이미지 생산을 현재와 최대한 근접한 수준으로 끌어올렸다. 청소년들은 그전까지만 해도 (스스로나 성인 검열자를 통해 사전에) 꼼꼼히 삭제되거나 편집됐던 유년기와 청소년 문화를 마침내 자유롭게 표현할 수 있게 됐다. 이 때문에 뷰즈는 폴라로이드 카메라가 카메라폰과 차이는 있지만 현재 카메라폰이 사용되는 방식에 영향을 미쳤다고 주장했다.[29]

그러나 십대들의 폴라로이드 사진 촬영과 카메라폰을 이용한 사진 촬영 사이에는 두 가지 간과할 수 없는 요인이 있다. 가격 그리고 복제 및 대규모 유포 가능성이다. 폴라로이드 카메라의 가격은 큰 부담이 없는 수준이었지만(출시 당시 소매가격이 20달러가 채 안 돼 미국 전체 가구의 70퍼센트 이상이 구입할 수 있었다), 필름 가격은 꽤 비쌌다.[30] 폴라로이드를 이용한 이미지 생산과 디지털 사진 촬영에서 더 중요한 차이는 폴라로이드는 복제와 공유가 제한적으로만 가능하다는 것이다. 결국 폴라로이드로 만든 이미지는 세상에 단 하나뿐인 기록물로, 기계나 디지털 방식으로 복제 가능한 이미지보다는 독창적인 예술 작품에 더 가깝다. 따라서 찍는 행위 자체는 비슷할지 몰라도, 복제 가능성과 이동성을 띤 디지털 이미지와는 상당히 다르게 폴라로이드 이미지는 수명이 짧고 친근한 단 한 장의 인화물로 사람들 손에 놓인다.

폴라로이드로 만든 이미지는 쉽게 복제할 수 없지만 그렇다고 보존이 불가능한 것은 아니다. 폴라로이드 이미지는 시간이 지나면 희미하게 빛이 바랜다는 통념이 널리 퍼져 있는데 근거 없는 이야기다. 직사광선에만 노출되지 않으면 폴라로이드 이미지도 대부분 필름 사진만큼 오래간다. 이런 근거 없는 말은 폴라로이드 사진을 다루는 방식 때문에 생겨난 것일 수도 있다. 폴라로이드 사진은 대개 사진첩에 꽂아 두기보다는 찍자마자 게시판에 압정으로 꽂아 놓거나 벽에 테이프로 붙여 놓는 경우가 많다. 그 결과 시간이 지나면 바래기 때문에 장기 기억 증대에 도움이 되지 못한다는 평을 얻은 것 같다.

필름과 비디오테이프로
찍은 홈 비디오

20세기는 사진술과 함께 사적인 영역까지 침투한, 두 가지 기술의 지대한 영향을 받으며 형성됐다. 바로 영화와 비디오다. 이 둘은 제작 비용과 전문 기술 때문에 스틸 사진만큼 널리 보급되지는 못했지만, 그럼에도 1920년대 후반부터 유년기와 청소년기를 경험하고 기록하는 방식을 바꾸었다. 바로 홈 비디오 제작 기술 때문이다.

21세기 들어 거칠고 빛바랜 홈 비디오의 미학은 디지털 기술이 탄생하기 이전 시대를 보여 주는 상징이 됐다. 이제는 버려진 필름 영상을 찾아 예술가들이 벼룩시장으로 모여들고, 홈 비디오로 채워진 유실 영화 보관소는 20세기 자작 영화 제작자들의 작품 일부를 보존하고 있는 곳으로 주목받고 있다.[31] 주류 감독들도 종종 관객의 눈길을 끌기 위한 기억의 대체물로 오래된 홈 비디오의 한 장면(또는 그렇게 보이도록 촬영한 장면)을 영화에 끼워 넣곤 한다. 마치 기억에 시대별로 다른 필터가 끼워져 있기라도 한 것처럼 등장인물이 1970년대를 회상하는 장면에서는 슈퍼8*로 찍은 듯한 영상을, 1980년대를 회상하는 장면에서는 낡은 비디오테이프 영상을 쓰는 게 흔한 일이 됐다.[32] 현재는 영화에서 이런 기법이 자주 사용되지만, 20세기만 해도 홈 비디오를 기억의 기술로 받아들이지 않았다.

1920년대에 이미 코닥은 홈 비디오 열풍에 가세할 수 있는 금전적 여유를 가진 가정을 대상으로 시네 코닥Cine-Kodak** 제품을 판매하고 있었다. 영화연구학자 패트리샤 짐머만Patricia Zimmerman은 홈 비디오가 "그냥 두었더라면 잊힐 수밖에 없는 일들에 대한 경험적 증거"를 제공하는 "기억의 시네마" 역할을 하긴 했지만 "정치적 개입이나 그림 같은 절경, 환영"으로 기능하기도 했다고 밝혔다. 아마추어 영화는 유일하게 이용 가능한 영상 기록 수단인 때가 많았는데, 소수자 집단은 특히 더 그랬다. 그렇다고 아마추어 영화가 순전히 기록적인 용도로만 사용된 것은 아니며, 종종 다양한 기능을 복합적으로 수행하면서 복잡하게 얽힌 개인적·집단적 노력과 욕구의 영향을 받았다.[33] 아마추어 영화는 기록과 보존의 기술이기도 했고, 일어남직한 세계를 상상하고 창조할 수 있는 수단으로 홍보되고 그렇게 받아들여졌다.

무비 카메라는 가족의 기억을 보존하는 수단이기도 했지만 1920년대 첫 출시될 때부터 창의적인 용도로 홍보됐다. 그 한 예로 1928년 발간된 시네 코닥 홍보 책자에는 결혼식이나 아기가 첫걸음마를 때는 순간을 찍는 법, 픽션 영화 촬영법까지 상세히 설명한 내용이 들

---

*   1965년 코닥이 출시한 8㎜ 영화 필름.

**   1923년 출시된 최초의 16㎜ 필름 무비 카메라.

어 있다. 실제로 시네 코닥을 구입한 가정은 코닥이 발간한 132쪽짜리 소책자 『청소년용 홈 비디오 시나리오』를 함께 구입하라고 권유받았는데, 이 책에는 동화를 바탕으로 가족 구성원들이 출연하는 영화를 만드는 방법이 담겨 있었다. 어린 배우들의 배역을 정하고 훈련하는 방법부터 직접 영화를 연출하고 촬영하고 편집하는 방법까지 상세히 소개했다.[34] 코닥은 자사의 영상 카메라가 사용자들의 상상력을 불러일으켜서 또 다른 세계와 시나리오를 창조하게 할 수 있다는 사실을 일찌감치 인식했다.

초창기 가정용 영화 카메라가 기록 목적보다는 창의적 용도로 널리 사용됐다는 증거는 1926년 설립된 아마추어영화연맹Amateur Cinema League이 아마추어 영화 제작자들을 위해 발행한 잡지 『아마추어 무비 메이커Amateur Movie Maker』 과월호에 잘 기록돼 있다. 『아마추어 무비 메이커』 창간호는 "최초의 아마추어 영화 제작"이라는 이야기를 소개했다. 이 이야기에 따르면 《대리 사랑Love by Proxy》은 "고등학교를 갓 졸업한 스무 명 남짓한 젊은이들"이 함께 만들었는데, 이들을 이끈 사람은 "꼬맹이 시절부터 카메라를 가지고 논" 뉴저지 출신 십대 청소년 유진 랙스데일Eugene W. Ragsdale이었다.[35] 비디오 캠코더가 널리 보급되기 전까지는 어린이와 청소년들이 영화를 만드는 건 드문 일이었다. 아마추어 영화 제작에서 청소년들은 카메라 뒤에서 제작하기보다는 기록의 대상이나 배우로 카메라 앞에 서는 경우가 대부분이었다.

초창기 아마추어 영화 제작은 기술적으로 까다로운 데다 꽤나 비쌌기 때문에 대부분 남성 가장이 맡았다.[36] 표면적으로 홈 비디오 열풍은 자녀와 관련된 일들을 함께 기뻐하고 축하하려는 욕구 때문에 일어난 것으로 보인다. 1929년 『패어런츠 매거진Parents Magazine』에 실린 홈 비디오 관련 기사는 "현재 홈 비디오의 인기가 급격하게 높아지고 있는 가장 중요한 요인은 부모의 자녀 사랑"이라고 지적했다.[37] 짐머만에 따르면 홈 비디오는 자녀보다는 부모를 위해 개발된 기술로 "필름 릴과 영사기만 있으면 전형적인 핵가족의 지속 기간을 연장할 수 있었다"라고 분석했다.[38]

그러나 홈 비디오를 찍는 이유가 기록을 남기려는 충동을 넘어선다는 사실을 보여 주는 증거도 있다. 1927년 『아마추어 무비 메이커』 제2호에 실린 한 구절을 보면 어떤 남성 가장은 아마추어 영화 제작을 완벽한 가정을 보존하는 수단으로 받아들인 반면, 어떤 가장은 가정을 새롭게 만들어 내는 수단으로 여겼다. "아마추어 영화 제작자들이 실제 손에 쥔 것은 스스로 창조하는 기계였다. (자녀를 낳은 뒤에는) 자녀들까지도 새롭게 창조할 수 있다. 아이들을 자신이 원하는 대로 바꿔, 찍은 영화를 아이들에게 보여 주기만 하면 순식간에 아이들 스스로 변화할 것이다."[39] 이 묘한 구절은 사진이 "기억의 동반자이자 침묵의 동반자"라면 홈 비디오 카메라는 또 다른 역할을 했음을 보여 준다. 홈 비디오 카메라 기술은 기억을 돕는 역할뿐 아니라 환상과 욕망을 위한 침묵의 동반자 역할도 해냈던 것이다.

낡은 홈 비디오 영상을 자주 작품에 활용하는 영화 제작자 조 벨로프Zoe Beloff는 "나는 홈 비디오가 프로이트가 생각하는 꿈이나 농담, 실언과 비슷하다고 꽤 오랫동안 생각해 왔다. 다시 말해 홈 비디오는 아마추어 영화 제작자들이 의도했던 것보다 훨씬 더 많은 것을 드러

낸다"*라고 말했다. 벨로프는 홈 비디오 영상들을 있는 그대로 활용해서 만든 '드림 필름Dream Film' 시리즈에서 "모든 홈 비디오에서 찾아낼 수 있는 억압된 욕구와 일상의 트라우마"를 드러내려 했다고 밝혔다.[40] 홈 비디오를 사회적 행위자(가족 구성원들)가 억압된 욕구와 트라우마를 풀어내는 공간이라고 본 것이다. 이런 벨로프의 해석은 홈 비디오가 기억의 공간이라면 기억을 드러내는 만큼 은폐하거나 대체하는 기록물일 수도 있음을 시사한다.

이처럼 벨로프 같은 영화 제작자들이 홈 비디오의 이중성을 활용할 수 있게 된 데에는, 1920년대부터 1970년대까지 홈 비디오 제작 기술이 확대 보급되면서 보다 다양한 계층의 가정에서 홈 비디오를 만들 수 있게 된 영향이 크다. 1950년대에 접어들자 중하층 가정도 무비 카메라와 영사기를 갖추게 됐다.[41] 그렇지만 필름값과 현상 비용은 여전히 어린이나 청소년이 감당할 수 있는 수준을 훨씬 넘어섰다. 뿐만 아니라 스틸 카메라와 달리 무비 카메라는 단 한 번도 청소년을 타깃으로 홍보하지 않았다. 이런 상황은 비디오테이프가 등장하고 나서야 바뀌었다.

홈 비디오의 역사는 1970년대로 거슬러 올라가지만 이후 십 년이 넘도록 평범한 가정에서는 홈 비디오를 접하기 힘들었다. 1983년 소니가 내놓은 최초의 가정용 캠코더의 가격은 1500달러에 달했다. 2년 뒤부터 가격이 급락하기 시작해 1985년에는 아마추어 영화 제작

---

* 프로이트는 잠재의식 속에 억압된 욕구가 꿈과 농담, 혹은 부지불식간에 나온 실언으로 표출된다고 보았다.

에 막 입문한 사람이 암스트래드Amstrad VMC100*을 불과 400달러에 구할 수 있었다. 비디오카세트는 2~3달러면 가능했고, 반복해서 재사용할 수 있었다.[42] 장비 가격이 상대적으로 낮아진 데다 새 비디오카세트나 재사용 카세트로 찍을 수 있고, 현상 과정이 없어지면서 더 오랜 시간 촬영할 수 있었다. 또한 촬영 대상을 훨씬 더 과감하게 선택하고, 외부 감시도 거의 받지 않게 됐다. 비디오 녹화는 소리를 녹음할 수 있어서 역사 구술 같은 새로운 형태를 자연스럽게 촉진했다. 편집 역시 필름보다 쉬워서 TV 모니터와 VCR 한 대씩 있으면 큰 인내심을 발휘하지 않고도 누구나 할 수 있었다. 하지만 상당수 홈 비디오는 전혀 편집되지 않았다. 찍자마자 곧바로 카메라로 보거나 VCR과 모니터를 이용해서 재생할 수 있었기 때문에 많은 사람이 진행 도중에 녹화된 내용을 눈으로 확인했다. 생일 파티에서 아이가 케이크의 초를 불어 끄는 순간을 녹화한 뒤 그 장면을 참석자에게 곧바로 틀어 보여 주는 식이다.

그리고 마침내 많은 남성 가장이 홈 비디오 제작자 자리에서 물러났다. 1980년대 말이 되자 중·고등학생들이 학교 숙제 때문이든 재미 삼아서든 직접 영상을 찍는 일이 흔해졌다. 어린이와 청소년들은 교육용 영상을 직접 찍거나 보다 창의적인 활동을 시도했다. 실제로 사람들은 집 뒷마당에서 벌인 엉뚱한 행동이나 비디오판 팬 픽션**, 아마추어 포르노 같은 온갖 종류의 영상을 제작하는 데 홈 비디오 카

---

* 영국 암스트래드가 출시해 인기를 모은 저가형 캠코더.
** 좋아하는 스타나 유명인을 등장시킨 아마추어 소설.

메라를 활용했다.[43]

폴라로이드 카메라가 그러했던 것처럼 홈 비디오 카메라 역시 어린이와 청소년들에게 영상에 대한 통제력을 주었다. 1980년대 후반에는 비디오카메라를 장난감으로 만들려는 시도도 있었다. 1987년 완구업체 피셔프라이스는 크고 거친 화소로 흑백 영상 촬영이 가능한 장난감 캠코더 PXL-2000을 출시했다. PXL-2000은 크기가 무척 작고 가벼울 뿐 아니라 다른 비디오카메라와 달리 저렴하고 구하기 쉬운 음성 녹음용 카세트테이프로 촬영할 수 있었다. PXL-2000은 단 1년 동안만 생산됐지만(최초 판매가는 200달러에 달했다가 이후 100달러로 인하됐다), 짧은 역사 동안 어린 영화 제작자들의 손에 비디오카메라를 들려 줄 수 있다는 가능성을 보여 주었다.[44]

비디오의 등장으로 청소년들의 삶과 자기표현 방식은 새 시대를 맞았다. 예술가 사디 베닝Sadie Benning이 열다섯 살 때 선물로 받은 PXL-2000으로 찍은 영화 《나와 루비프룻Me & Rubyfruit(1989)》은 이를 잘 보여 준다. 베닝이 혼자만의 공간인 자기 방 안에서 찍은 이 영화는 레즈비언 청소년의 욕망을 처음으로 드러내 보였다. 리타 마에 브라운Rita Mae Brown의 1973년 작 동성애 소설 『루비프룻 정글Rubyfruit Jungle』에서 글을, 포르노 잡지와 폰섹스 광고에서 이미지를 따와서 만든 이 영화는 수십 년이 흐른 지금까지도 동성애 청소년의 성적 취향과 욕구, 갈망에 대한 도발적인 탐구로 여겨진다.[45]

베닝의 영화가 사람들의 관심을 끈 이유는 비디오라는 매체 때문이라기보다는 그녀에게 카메라를 선물한 아버지 역시 영화 제작자였다는 사실과 관련이 크다. 베닝은 십대 때부터 이미 독립 영화 행사들을 익히 알고 있었고 입장권을 구해 줄 인맥도 있었다. 1980년대 후반만 해도, 연줄이 없는 십대가 자신이 만든 독립 영상 작품을 배급하기란 무척 어려운 일이었다.

비디오 기술이 대중적인 잠재력을 지녔다고 해도, 배급 수단까지 제공하지는 않았다. 영상을 복사해 친구들과 공유할 수는 있었지만, 홈 비디오 영상이 널리 퍼져 봐야 고작 개인적으로 잡지를 복사기로 배포하는 정도였다. 그런 잡지가 보통 25~50부 정도였던 것처럼 홈 비디오 역시 한정판 아이템으로 남았다. 홈 비디오는 폴라로이드 사진처럼 세상에 단 하나뿐인 건 아니었지만, '복제 가능성'이 크진 않았다. 그러나 1980년대 사람들은 비디오 녹화물이 휘발성이 무척 높다고 판가름 나리라고는 거의 예측하지 못했다. DAT와 DVD 같은 디지털 방식이 인기를 얻자 베타맥스Betamax*와 VHS** 방식 모두 설 자리를 거의 잃었으며, 비디오카세트는 다양한 형태의 환경에 노출되면서 취약점을 드러냈다. 베타맥스와 VHS 테이프는 지금까지 존재하는 저장 매체 중 가장 취약하다. 적절하게 보관하지 않거나 안정적인 방식으로 변환하지 않는다면 1980~90년대에 찍은 영상들은 2030년대까지 거의 살아남지 못할 것이다. 그렇지만 비디오 시대를 경험한 사람들에게 이런 매체의 취약성은 반가울 수도 있다. 1980~90년대에 찍은 굴욕적인 홈 비디오 영상 중 상당수가 아직까지 남아 있긴 하지만, 실제로 재생되는 일은 거의 없기 때문이다.

---

*   1975년 소니가 출시한 비디오테이프의 양대 규격 중 하나.

**   1976년 JVC가 출시한 비디오테이프 규격.

소셜 미디어 시대,
아이들 눈으로 본 새로운 세상

어린이와 청소년은 오랜 세월 인기 있는 예술 소재였다. 사진술의 등장으로 마침내 제약이 조금 있긴 해도 그들은 자기 마음대로 자신을 표현할 수 있게 됐다. 오늘날 우리는 디지털 미디어와 소셜 미디어 플랫폼의 결합으로 전례 없는 새로운 이미지 생산의 시대를 맞았다. 그리고 이는 아이들에게 그 영향력이 어떻게 나타나는지 목격하고 있다. 2000년대 초반 이래로 개인 사진 촬영과 홈 비디오 제작의 내용과 규모, 맥락 모두 변화했고, 그 과정에서 청소년들은 보다 큰 역할을 수행했다.

아날로그 사진 시대 후반까지도 사진에 담기는 내용은 (사진 한 장당 지불해야 하는 비용에 따라) 비교적 높은 수준으로 선별됐고 (어른들의 감시로) 검열의 영향도 많이 받았다. 직접 암실을 쓸 수 있는 게 아니라면 제3자가 현상 과정에 관여할 수밖에 없었다. 폴라로이드 기술 덕분에 사진 촬영자가 직접 현상할 수 있게 됐지만, 그 결과물로 얻은 이미지는 복제가 불가능했다. 아날로그 시대에 청소년들이 만든 사진은 오늘날 디지털 콘텐츠와 확연히 달랐다. 거칠게 표현하자면, 포토맷 시대의 청소년이 오늘날의 음란 채팅sexting과 비슷한 행동을 하려면 먼저 야한 사진이 담긴 필름을 동네 사진관 점원에게 맡기는 위험을 무릅써야 하고, 현상 공장 근무자가 너무 피곤해서 필름에 담긴 수상쩍은 내용물을 눈치 채지 못하기만을 가슴 졸이며 기다려야 하고, 그리고 나서도 사진을 은밀하게 보낼 방법을 찾아내야 했다. 소수의 청소년은 분명 그런 장애물을 피해 가는 방법을 용케 찾아냈을 테지만, 그 시대에는 오늘날처럼 음란 채팅에 해당하는 행위가 광범위하게 퍼지지는 못했다. 다시 말해 롤필름과 폴라로이드 사진의 시대가 순수하기만 했던 건 결코 아니지만, 디지털 시대에 실현할 수 있는 형태의 콘텐츠를 만들어 내지는 못했다.

변한 것은 콘텐츠만이 아니다. 매일같이 촬영되는 사진과 영상 수가 급격하게 증가하고 있다. 이미지와 영상을 만드는 데 사실상 비용이 전혀 들지 않기 때문이다. 스마트폰만 있으면(전 세계에서 초등학생에게도 스마트폰이 있다) 이미지를 생산하고 공유하는 데 드는 비용은 무시해도 될 만큼 적다. 2000년에 전 세계에서 촬영된 사진은 800억 장이었지만 2015년에는 1조 장 이상으로 증가했는데 그중 75퍼센트가 휴대폰으로 찍은 것이었다.[46] 18세 미만 청소년들이 촬영한 사진의 비율이 얼마인지는 정확히 알 수 없지만, 어린이와 청소년 촬영자들이 확연히 많다고 믿을 만한 이유가 있다. 2015년의 한 추정치에 따르면, 어린이와 청소년들에게 인기가 높다는 사진 공유 플랫폼 스냅챗Snapchat 사용자들은 매초 8,796장, 매시간 3,000만 장이 넘는 이미지를 공유했다.[47] 디지털 미디어, 그중에서도 특히 소셜 미디어의 부상으로 발생한 가장 큰 변화는 그렇게 자유롭게 찍고 공유한 개인 사진을 지켜보는 잠재적 관중의 등장일지도 모른다.

지난 수십 년 동안 사진이나 홈 비디오 같은 매체들은 단 하나 아니면 제한된 숫자로만 존재했다. 특별한 경우에는 사진을 두세 장씩 인화하고, 결혼식 같은 행사를 찍은 홈 비디오는 복사해서 친한 친구나 친척들에게 주기도 했지만, 사진과 홈 비디오가 개인적인 영역을 벗어나는 일은 거의 없었다.

2010년대가 끝나 가는 지금, 개인 사진의 맥락은 크게 확장됐다. 초창기 사진들은 신중하게 연출됐지만 공유되는 일은 거의 없었던 반면, 오늘날 사진들은 어떻게 구성할지는 거의 신경 쓰지 않지만 확산 가능성은 가늠하기조차 힘들 만큼 커졌다. 동영상 역시 마찬가지다. 홈 비디오 촬영이 한때 꼼꼼히 계획하고 선택하면서 정성과 비용을 들여야 하는 일이었다면, 21세기 들어서는 동영상 스트리밍이나 친구들과 통화하는 페이스타임처럼 일상적인 활동 중 하나에 지나지 않게 됐다. 그리고 이제는 비용을 전혀 부담하지 않고 사실상 실시간에 가까운 지극히 일상적인 순간을 담은 표현물을 수백만 명의 시청자에게 전할 수 있게 됐다.

한때 주변부로 밀려났던 어린이와 청소년은 이제 더 이상 이미지에서 소외되거나 어른의 눈을 통해서만 드러나지 않는다. 일부 눈에 띄는 격차가 있긴 하지만 이런 상황은 전 세계에서 일반적으로 나타나고 있다.[48] 이제 아이들은 스틸 사진과 동영상 촬영 기술을 모두 익혔고 이미지 전파에 필요한 플랫폼도 익숙하게 사용한다. 앞으로 유년기와 청소년기는 어른의 눈이 아닌 어린이와 청소년의 눈을 통해 보여지고 이해될 것이다. 이는 반가운 변화다. 1950년대나 1970년대 어린이와 청소년은 가장이 진두지휘하는 무성 가족 영화의 배우가 될 운명이었다면, 오늘날에는 그들이 직접 감독하고 촬영하고 그 영화에 출연까지 할 수 있다. 청소년들이 만드는 미디어 창작물을 감상하는 관객도 갈수록 늘고 있다. 대다수의 어린이와 청소년이 여전히 친구나 가족을 위한 미디어를 생산하고 있지만, 훨씬 더 많은 관객에

게 다가갈 수도 있다.[49]

　　나는 지금 미디어를 청소년들 손에 쥐어 준 것이 얼마나 가치 있는
일인지 강조하는 게 아니다. 자발적으로 만들어진 유년기와 청소년
기의 표현물이 대부분 시간 제약을 받지 않고 광범위하게 확산할 뿐
만 아니라 정보로 변환되면서 생기는 문제를 탐구하려는 것이다. '정
보 주체'들은 누구이며, 이들은 어떻게 스스로 망각하는 능력을 간직
하고 잊히는 경험을 지켜 낼 수 있을까?

2장

망각에는 치유하는 힘이 있다

어린이와 청소년에게 잊는 것과 잊힌다는 것은 각별한 의미로 다가온다. 어린 시절이 인생의 전부가 아니라면, 성인기까지 간직하고 싶지 않은 모습은 '잊고, 잊혀야' 성장할 수 있다. 이 책에서 주장하는 바는 디지털 미디어 기술이 바로 이 과정을 방해한다는 것이다. 이것이 초래할 결과는 아직 완전히 밝혀지지 않았지만, 그 잠재적 영향을 우려하는 사람은 나만이 아니다.

　최근 '잊힐 권리'를 뒷받침하기 위해 시도된 법률 제정은 부분적으로는 어린이와 청소년들에 대한 우려에서 비롯됐다. 유럽연합 집행위원회EC가 내놓은 잊힐 권리에 관한 법률안은 "정보 주체는 관리자에게 자신의 개인정보, 특히 아동일 때 생성된 정보의 삭제와 함께 추가 배포 금지를 요구할 권리를 갖는다"[1]며 처음부터 어린 '정보 주체'들에게 각별히 주목했다. 2012년 EC 부의장 비비안 레딩Viviane Reding은 한 연설에서 이 점을 강조하며 "개인정보 제공 여부를 선택해 사생활을 보호할 수 있는 가장 좋은 위치에 있는 사람은 당사자 개인이다. 따라서 EU 시민들, 그중에서도 십대 청소년에게 온라인상의 신원을 스스로 통제할 수 있도록 권한을 부여하는 것이 중요하다"고 강조했다.[2] 2018년 EU의 일반개인정보보호법General Data Protection Regulation이 마침내 발효됐고, 그 내용에는 16세 미만 아동 관련 개인정보 수집과 처리에 관한 조항이 그대로 포함돼 있다.[3]

나이 어린 정보 주체들은 그 밖의 사법관할구역에서도 보호 대상으로 각별히 주목받아 왔다. 미국 캘리포니아주는 2015년부터 성인이 아닌 미성년자에게만 자신이 온라인에 게시한 정보의 삭제를 요구할 수 있는 권리를 부여하고, 주 내 사업체가 모든 미성년자와 그 부모에게 이 같은 권리를 고지하도록 의무화했다.[4] 그러나 이 법은 미성년자가 직접 온라인에 올린 콘텐츠에 한한 것으로, 타인이 올린 게시물에는 적용되지 않는다. 영국이 준비 중인 법안은 이보다 훨씬 앞서간다. 영국 의회는 EU 탈퇴에 대비해 EU의 일반개인정보보호법을 대체하면서 적용 범위를 더욱 확대한 개인정보 삭제 법률안을 준비해 왔다. 2017년 9월 발표된 영국의 개인정보보호법Data Protection Bill 초안에는 '아동'이라는 단어가 23차례나 등장할 만큼 어린이와 청소년을 위한 강력한 보호 조항이 들어 있다.[5]

유럽과 북미의 개인정보 삭제 법안이 청소년에 초점을 맞추는 것이 그다지 놀랍지 않은 이유는 어린이와 청소년은 판단력이 부족하다는 일반적인 가정을 반영하고 있기 때문이다. 나는 지금 미성년자들이 온라인에 무엇을 올릴지 판단할 능력에 대해 따지려는 게 아니다. 그보다는 잊힐 권리와 잊을 권리가 청소년들에게 얼마나 중요한지 살펴보려고 한다. 성장이란 지식과 경험의 축적인 만큼 잊고 잊히는 과정이기도 하다. 따라서 어린이와 청소년 그리고 미디어에 대한 해묵은 우려를 원점에서 다시 살펴볼 필요가 있다. 우리가 던져야 할 진짜 질문은 아이들을 "온라인 약탈자들에게서 어떻게 보호할 것인가"보다 "아이들 본인에게서 어떻게 보호할 것인가"이다. 더 구체적으로는 "아이들이 성인기에 이르렀을 때 벗어나고 싶을 수도 있는 자신의 모습으로부터 스스로 어떻게 지켜 낼 것인가"이다.

망각에는 치유의 힘이 있다

집단 망각은 집단 기억과 마찬가지로 보통 사회적 현상으로 간주되며 대체로 부정적인 단어로 묘사된다. 집단 망각은 보통 식민주의나 노예제도의 잔재를 잊고 살자는 등의 특정한 정치적 요구에 부응하는 형태를 띠기 때문이다.[6] 반면 개인적 망각은 철학자와 정신 분석가, 실험 심리학자 들에 의해 보통 치유의 과정으로 묘사된다.

프리드리히 니체는 『도덕의 계보On the Genealogy of Morality』에서 망각은 단순히 의식의 문과 창을 닫는 것일지도 모른다고 결론지었다. 일에 몰두하기 위해 서재 문을 닫는 것처럼 때로는 의식의 창을 닫아 둘 필요가 있다는 것이다.

의식의 문과 창을 잠시 닫아 두는 것, 우리의 의식 아래 세계에서 작동하는 기관들이 서로 협동하거나 대항하기 때문에 일어나는 소음과 다툼에 방해받지 않는 것, 약간의 정적 즉 의식의 백지상태tabula rosa 를 통해 고차적 기능과 기관을 통제하고 예견하며 예정할 수 있는 여지를 만들어 주는 것(우리 몸의 유기체는 과두적인 조직으로 만들어져 있다)이야말로 이미 말했듯 능동적 망각의 효용이다. 망각은 마치 문지기처럼 정신적 질서와 안정, 예의를 관리하는 관리자 역할을 수행한다. 여기서 곧바로 깨닫는 것은 망각이 없다면 행복도, 기쁨도, 희망도, 자부심도, 현재도 있을 수 없다는 사실이다.

니체는 망각 능력을 상실한 사람에게는 행복도 희망도 현재도 없다고 단언했다. 망각 능력을 상실한 사람은 "그 무엇도 해결할 수 없다"는 것이다. 그러면서 니체는 인간 본성의 묘한 모순을 지적한다. "바로 이처럼 망각할 수밖에 없는 이 동물에게 망각은 강인한 건강의 전제 조건이다. 그러나 이 동물은 그 반대 능력인 기억의 도움을 받아 특정한 때에는 망각을 억제할 수 있는 힘을 길렀다." 니체는 망각이 기억을 위협하는 요인이라고 하기보다, 오히려 기억이 망각이라는 고마운 습관을 위협한다는 정반대 시나리오를 제시한다. "망각은 천박한 사람들이 믿는 것처럼 단순한 타성이 아니라 엄밀한 의미에서 적극적인 억제 능력"이라는 게 니체의 주장이다.[7]

니체 이후 다양한 분야의 사상가들이 망각의 치유적 측면에 대한 해석을 내놓았다. 인간은 참기 힘들거나 충격적인 일에 대처하기 위해 종종 상황을 잊거나 왜곡한다는 지그문트 프로이트의 견해가 대표적이다. 이외에도 망각의 잠재적 역할을 입증하려는 시도가 있었는데, 심리학자 프레데릭 바틀렛Frederic Bartlett은 1932년 『기억Remember-ing』에서 망각이 "심리적으로 대단한 중요성"을 가질 수도 있다고 지적했다.[8]

최근 들어 망각의 효용을 강조하는 연구 결과는 더욱 늘고 있다. 신경 과학자 마이클 앤더슨Michael Anderson과 시몬 헨슬메이어Simon Hansl-mayr는 '동기화된 망각motivated forgetting'이라는 개념을 더욱 발전시켰다. 행복과 기쁨, 희망과 자긍심을 어느 정도라도 유지하려면 망각이 필요하다고 주장한 니체처럼 앤더슨과 헨슬메이어도 "긍정적인 마음이나 집중력, 특정 상황에 대한 믿음, 확신 또는 희망을 유지하기 위해서는 마음 상태를 뒤흔드는 경험에 접근하는 기회를 줄여야 할지도 모른다"고 주장했다.[9] 경험 심리학자 벤저민 스톰Benjamin Storm 역시 "망각이 불만스럽게 느껴질지 몰라도, 망각 없는 세상보다 망각이 있는 세상이 우리에게는 훨씬 낫다"고 지적했다.[10]

그러나 디지털 미디어 시대에는 (한때는 당연하게 여겼던) '의식의 문과 창을 잠시 닫아 두는' 능력이 위험에 처했다. 21세기에는 니체의 비유조차 완전히 다른 의미로 다가온다. 이제 '창window'이라는 단어를 들으면 원래 니체가 암시한 건축 구조물보다 디지털 기기 화면이 먼저 떠오른다. 하지만 우리가 사용하는 기기의 창을 닫는 것은 집의 창을 닫는 것과는 완전히 다르다. 창문을 닫고 커튼을 내리면 밖을 내다볼 수 없고 밖에서도 안을 들여다볼 수 없다. 반면 디지털 기기의 창을 닫으면 (인터넷 접속이 끊기므로) 더 이상 밖을 내다볼 수 없지만, 다른 사람이 그 안을 들여다보는 것은 막을 수 없다. 우리가 휴식을 취하는 동안에도 다른 사람은 우리를 계속 관찰할 수 있고 실제로 그렇게 한다(심지어 우리가 활동을 멈춘 상태라는 것까지 알 수 있다). 이처럼 창 비유는 잊고 잊히는 경험이 아날로그 세상과 디지털 세상에서 어떤 차이가 있는지 적절히 보여 준다.

잊고 잊히는 경험이 한때는 서로 밀접하게 관련돼 있었지만, 이제는 그렇지 않다. 디지털 세상에서 창을 닫거나 완전히 접속을 끊으면 우리의 디지털 발자국(우리가 남기는 정보)은 줄어들지만 우리의 그림자 정보(다른 사람들이 우리에 관해 만들어 내는 정보)는 계속해서 늘어난다. 요컨대 창을 닫고, 정보를 삭제하고, 접속을 끊거나 선을 뽑아 버리는 등 개인의 망각 욕구는 타인에게 잊히는 것과는 거의 관련이 없다. 정보 주체와 연결된 실제 개인은 활동을 중단하더라도 정보 주체는 활동을 멈추지 않기 때문이다. 우리의 정보 주체가 우리도 모르는 사이에 계속 확장되고 악명을 높여 가면서, 니체가 정신 건강과 자족감을 위해 필수불가결하다고 여긴 '능동적 망각'을 달성하려는 시도를 가로막는다. 이 때문에 법학자 앙트와네트 르부르아Antoinette Rouvroy는 지금 우리가 목격하고 있는 것은 니체 법칙의 완전한 반전인지도 모른다고 지적했다.

> 이 모든 것이 시사하는 바는 기억과 망각의 관계가 역전될 수도 있다는 것이다. 니체가 강인한 건강의 전제 조건으로 여겼던, 생물학적 '망각 능력'이 비생물학적인 '기억 능력'에 자리를 내주고 밀려나고 있다. 역사적으로 인류가 기억력의 한계에 맞서 싸우는 동안 망각이 자연스럽게 우위를 점했지만, 지금은 망각과 기억의 관계가 뒤바뀌고 있는 듯하다. (소리나 시각 정보, 글을 비롯한) 모든 정보는 머지않

아 자동으로 디지털 방식으로 기록되고 보관될 것이며, 이에 따라 망각은 원칙이 아니라 적극적인 정보 삭제를 필요로 하는 예외가 될 것이다.[11]

하지만 능동적인 망각이 온갖 정보가 다 기억으로 저장되는 상황을 더 이상 막아 내지 못하면 어떻게 될까? 특히 어린이와 청소년에게는 어떤 영향이 미칠까?

어린 시절의 흑역사가
끊임없이 소환되는 경험

잊힐 권리에 대한 논의의 중심에는 생소하고 여전히 모호한 사회적 행위자인 '정보 주체'가 있다. 법률 문서에서 널리 쓰이긴 하지만 여전히 정보 주체가 누구인지 또는 무엇인지 정의하기 어렵다. 이 용어는 어떤 맥락에서는 특정 대상과 관련된 일련의 정보를 지칭한다. 또 다른 경우에는 신원이 확인됐거나 확인 가능한 '자연인'을 지칭할 때 사용된다.

그러나 정보 주체는 보통 일련의 정보나 자연인 어느 한쪽을 배타적으로 지칭하기보다는 그 둘의 관계를 의미한다. 그런 면에서 정보 주체는 자연인과의 관계로 정의된다고 할 수 있다. 예를 들어, 나는 죽더라도(더 이상 물리적으로 이 세상에 실재하지 않더라도) 내 정보 주체는 계속 살아남을 수 있다. 정보 주체는 처음에는 자연인의 존재에 의존하지만, 시간이 흐르면서 한때 매여 있던 자연인보다 '오래 살아남을' 충분한 힘을 쌓는다. 이는 왜 요즘 일부 사람들이 '소셜 미디어 유언장'[12]을 남기는지, 왜 어린이와 청소년의 정보 주체가 특별 고려 대상이 돼야 하는지를 정확히 설명해 준다.

남녀노소를 불문하고 모든 사람은 시간이 지나면 변하지만, 어린이와 청소년들은 특히 더 변한다. 보통 9살 때와 13살 때 모습이 아주 다르고, 22살이 되면 더 많이 달라진다. 9살이나 13살 때 정보 주체가 너무 오래 지속되면 성인으로서 새로운 삶을 살아가는 능력이 방해받을 수 있다. 이전 세대의 청소년도 창피스러운 가족사진이나 고등학교 졸업앨범 때문에 어린 시절 자기 모습이 소환되는 경험을 간간히 했겠지만, 되살아난 어린 시절 모습(또는 이 모습을 담은 표현물)이 넘지 못하는 경계선이 분명했다.

정보 주체가 무차별적으로 그리고 손쉽게 기억되는 문제에 대한 가장 현실적인 대응은 '잊힐 권리' 확보에 있다. 잊힐 권리는 현재 유럽의 개인정보 삭제 입법에 영향을 주고 있고, 전 세계 다른 사법관할구역에서도 법학자들의 지속적인 관심을 받고 있다. 잊힐 권리는 디지털 세상에서는 기억이 너무나 강력한 힘을 발휘하므로 균형 회복을 위해서는 가끔 개입할 필요가 있다는 사실을 인정하는 것에서 시작한다.[13]

네덜란드의 법이론학자 베르트 얍 쿱스Bert-Jaap Koops는 법적·윤리적·사회적으로 폭넓은 의미를 담고 있는 세 가지 전제가 잊힐 권리의 근간을 이룬다고 설명했다. 첫 번째 전제는 개인정보 삭제 법안에는 '백지 상태'나 '새로운 출발'을 장려하려는 목적이 담겨 있다는 것이다. 이미 청소년 형법과 신용평가 등 여러 법률 분야에 영향을 미친 이 개념은 건강한 '사회적 망각'을 촉진하기 위해 고안됐다. 쿱스는 이에 더해 두 가지 전제를 더 제시했다. "오래된 부정적 정보가 사람들에게 불리하게 사용돼서는 안 된다는 사회적 측면"과 "미래에 일어날 결과에 대한 두려움 없이 현재 자신을 거리낌 없이 표현할 수 있어야 한다는 개인의 자기 발전 측면"이다. 이처럼 잊힐 권리는 자신의 과거가 무차별적으로 현재로 소환되는 것을 막고, 자신의 과거와 맞닥뜨린 후 망각 능력을 방해하는 것을 해결한다는 점에서 중요하다. 쿱스는 "과거를 잊을 수 있고, 자신의 현재 행동이 죽을 때까지 계속 자신을 괴롭힐지도 모른다는 두려움 없이 살아간다는 것이 왜 중요한지"에 주안점을 두고 있다고 말했다.[14]

망각이 개인의 발전 등 여러 측면에서 중요하다는 결론은 타당해 보인다. 망각이 아예 존재하지 않거나 원칙이 아닌 예외라면, 성장 과정에서 따르기 마련인 사소한 위험을 떠안는 일조차 너무 위험 부담이 커서 행동으로 옮기지 못할 것이다. 과거에는 청소년들이 거의 마음 내키는 대로 자기 삶을 바꾸며 다양한 복장과 정치적 견해, 정체성을 시험할 수 있었다. 하지만 지금은 (성인들이 종종 폄하의 뜻으로 붙이는 꼬리표인) '그때 그 시절'이 온라인에 영원히 아로새겨져 오랫동안 개인을 규정할 위험이 있다. 자신을 너무 많이 드러내서 그 값을 치르든, 지나치게 몸을 사려 자아 발견 과정에서 필수인 위험을 피해 도망다니게 되든, 잊고 잊히는 것을 엄두조차 내기 힘든 세상에서 치러야 할 대가는 무엇일까?

사이버 공간:
망각을 돕는 역할에서 시작하다

오늘날 인터넷이라는 메아리 방 안에서는 사소한 일도 끊임없이 되풀이된다. 그러나 늘 그랬던 것은 아니다. 도입 초기만 해도 인터넷은 개인의 정치적 견해와 정체성, 욕망을 극단까지 탐구할 수 있는 '안전한' 공간을 제공하겠다고 약속했다.[15]

특히 물질세계와 이에 수반되는 걱정, 부끄러운 순간에서 벗어날 수 있다는 점은 1990년대에 인터넷이 내건 약속 중에 크게 격찬을 받았다. 온라인 커뮤니티와 청소년에 관한 내 초기 연구에는 이러한 약속이 큰 영향을 미쳤다. '블로그'라는 단어가 만들어지기도 전인 1997년 초 나는 트랜스젠더라고 확인된 청소년들의 개인 홈페이지를 조사하기 시작했다. 웹 호스팅 사이트 지오시티GeoCities에 들어선 커뮤니티들을 살펴보던 중 나는 많은 청소년이 태어날 때 부여된 성별과 다른 자신의 성 정체성을 수용하는 방편으로 인터넷을 활용하고 있다는 사실을 알게 됐다. 트랜스젠더의 권리가 보편적인 공개 토론 주제가 되기 전이었기에, 트랜스젠더 청소년들의 욕구에 대한 대중의 인식은 거의 형성되지 않은 상황이었다. 초기 인터넷 공간에서 내가 찾아낸 것은 대부분 지오시티의 '웨스트 할리우드' 커뮤니티였는데, 이는 현실 세계의 웨스트 할리우드처럼 누구나 원하는 대로 자유롭게 성적 취향과 성 정체성을 표현할 수 있는 곳이었다. 특히 다른 곳에서는 취약할 수밖에 없는 청소년들이 큰 부담 없이 자유롭게 자신의 정체성을 탐구할 수 있는 가상의 공간이었다. 이처럼 위험 부담이 없는 상황은 주로 당시 사람들이 선택한 인터넷 사용 방식과 인터넷의 기술적 한계에서 비롯되었다. 초기 웹사이트에는 사진이나 동영상이 전혀 없었고, 문자와 클립아트 정도만 있었다. 웹사이트를 만든 사람이 자기 이름이나 주소를 밝히는 경우는 거의 없었고, 그래야 할 이유도 없었다. 내가 연구한 트랜스젠더 청소년들에게 인터넷은 물리적인 삶에서는 탐구할 수 없는 자기 정체성의 단면을 시험할 수 있는 안전한 장소였다.[16]

1990년대에는 대단히 많은 사람이 물질세계의 속박과 과거로부터의 해방을 약속하는 인터넷에 의지했다. 어떤 의미에서 보면, 인터넷이 환영받은 이유는 사람들이 인터넷을 일종의 '망각의 공간'으로 여겼기 때문이다. 사회학자 셰리 터클Sherry Turkle은 1995년 『스크린 위의 삶Life on the Screen』에서 "스크린을 통해 가상의 공동체로 들어서는 순간 우리는 거울 너머의 사이버 공간에 새로운 정체성을 구축하기 시작한다"고 썼다.[17] 당시 터클은 이 과정이 우리에게 새로운 정체성을 탐구하고 이에 맞춰 역할극을 하는 무한한 기회를 제공한다고 주장하면서도 "우리는 현실 세계와 가상 공간의 문턱에서 어느 쪽에 발을 들여야 할지 망설이고 있으며, 조심스레 앞으로 나아가면서 스스로를 지어내고 있다"는 신중한 입장을 유지했다.[18] 그렇지만 전반적으로 봤을 때 온라인 커뮤니티에 대한 터클의 초기 연구는 인터넷이 우리를 자유롭게 해줄 잠재력을 가지고 있다는 당시의 전반적인 믿음과 맞닿아 있었다.[19]

『스크린 위의 삶』에서 터클은 온라인 게임 세계에 이어 멀티유저 도메인MUD을 집중 조명했는데, 이는 컴퓨터와 인터넷 연결 그리고 기본적인 컴퓨터 기술만 있으면 자신이 원하는 방식대로 스스로를 재창조하고 대안 세계를 탐구할 수 있는 공간이었다. 터클은 "이 공간에서는 등장인물이 인간일 필요가 없다. 성별도 남과 여, 둘만 있는 게 아니다. 참가자들은 컴퓨터 세계 자체를 창조하는 데 참여할 권한을 부여받는다. 비교적 간단한 프로그래밍 언어를 사용해 게임 공간 안에 방을 만들고, 그 안에 무대를 설치하고 규칙도 정할 수 있다"고 설명했다. 이 세계는 남녀노소 모두에게 열려 있었는데, 터클은 그중 한 공간에서 열한 살짜리 참가자가 '아파트condo'라고 이름 붙인 방을 발견했다. "그 방은 아름다운 가구들로 꾸며져 있었고, 화장대 앞에는 멋진 보석과 화장품이 놓여 있었다. 이 아파트에서 아이는 사이버 친구들을 초대해 얘기를 나누고 가상의 피자를 주문해서 함께 먹으며 장난을 치기도 했다."[20]

1990년대에 성장기를 보낸 어린이와 청소년(그리고 당시 이미 성인이었던 사람들 중 상당수)은 이런 인터넷의 매력에 빠져들었다. 실제 상황보다는 던전 앤 드래곤Dungeons and Dragons* 같은 괴짜 게임 문화와 더 밀접하게 연결된 인터넷은 환상과 역할극, 정체성을 실험하는 장이 됐다. 일부 사람은 인터넷에서 보다 일상적인 일을 했지만(핫메일 계정을 만들고 온라인 검색 방법을 배우는 등), 많은 사람에게 인터넷은 물리적인 삶과 생물학적 특성, 꾸며 낸 정체성을 버리고, 자신의 성별, 인종, 나이와 육체적 제약에서 벗어나 또 다른 정체성으로 살아

---

* 1974년 출시된 최초의 롤플레잉 게임.

보는 곳이었다. 인터넷이라는 공간에서는 모든 것을 훌훌 던져 버리고 새로운 이름을 사용하거나 변태적인 성적 환상을 행동에 옮길 수 있었다. 그리고 MUD에 들어가서 성별은 물론 인종까지 바꿀 수 있었다. 터클은 이런 특성 때문에 인터넷이 정체성 발달에 매우 중요한 역할을 하는 공간이 됐으며, 특히 청소년들에게는 더 큰 중요성을 띠게 됐다고 주장했다.[21]

터클은 자신의 주장을 뒷받침하기 위해 정신 분석학자 에릭 에릭슨Erik Erikson의 연구 결과 중에 특히 심리사회적 '유예moratorium' 개념에 주목했다. 1950년 출간된 『유년기와 사회Childhood and Society』에서 에릭슨은 청소년들의 심리가 "본질적으로 유예 상태이며, 심리사회적으로는 유년기와 성인기의 중간 단계로 아이의 도덕성과 성인의 윤리 사이에 놓여 있다"고 주장했다.[22] 에릭슨은 자신이 선택한 용어들과 달리 청소년기를 경험이 지체되는 시기로 보지는 않았다. 터클에 따르면 유예는 "의미 있는 실험을 중단한다는 뜻이 아니라 그에 따르는 결과에 대한 판단을 유예한다는 의미이다."[23]

터클과 에릭슨 두 사람 모두 경험에는 결과가 따른다는 점을 인정하면서도, 청소년기는 대개 위험 부담 없이 실험을 할 수 있는 시기이며 이 실험들은 특정한 사회적 목적에 기여한다고 주장했다.[24] 1968년에 출간한 저서 『정체성: 위기의 청소년들Identity: Youth in Crisis』에서 에릭슨은 심리사회적 유예를 "사회적 측면에서는 선별적 방임, 청소년 입장에서는 도발적 유희로 특징지어지는 시기"라고 설명했다. 에릭슨은 "모든 사회와 문화는 대다수 청소년에게 일정 정도의 유예를 제도적으로 보장한다"며 "모라토리엄은 말 훔치기나 환각 탐색

vision-quest* 또는 '서부'나 '남반구' 등을 방랑하는 편력Wanderschaft**의 시간이거나, 학문을 위해 '청춘을 바치는' 시간, 그도 아니면 자기희생이나 짓궂은 장난을 벌이는 시간일 수도 있다"고 주장했다.[25] 환각 탐색에 나서든 스키 리조트에서 일을 하든 아니면 그저 학교 수업을 빼먹고 파티에 가든, 이 유예는 오랜 세월 무척 중요한 역할을 해 왔다. 터클의 말을 빌리자면 "유예는 진정한 자아의 발달, 즉 삶의 의미에 대한 개인적인 가치관을 형성하게 해 준다."[26]

물론 에릭슨과 터클이 저서를 남긴 시대는 서로 달랐다.『유년기와 사회』가 처음 출간된 1950년대 초반은 물론, 개정판이 나온 1960년대 초반까지도 에릭슨은 청소년기는 물론 대학 시절까지를 결과에 덜 연연하면서 자유롭게 실험할 수 있는 일종의 '유예 기간'으로 간주하는 세상에 살면서 이 시기를 성찰하고 있었다. 물론, 그럴 수 있을 만한 성별이나 인종적 특권을 부여받았을 경우에만 국한했다.

반면 터클이『스크린 위의 삶』을 쓸 무렵인 1990년대 초반에는 세계가 변화의 소용돌이에 휩싸였다. 대학생들의 취업의 문은 좁아지고 에이즈 위기로 성적인 실험에 따르는 위험을 마주해야만 했다. 성관계를 가졌을 때 얻을 수 있는 최악의 결과가 실연이나 원치 않은 임신이 아니라 돌연 죽음이 돼 버린 것이다. 그러나 터클은 이런 이유 때문에 온라인 커뮤니티가 청소년의 삶에서 중요한 역할을 하게 될 것이라고 생각했다. 터클은 "가상 공동체에서는 마음껏 놀고 이것

---

*   환각 상태에서 자신을 새롭게 발견하는 인디언의 관습에서 비롯된 영적 모색.
**   장인의 경지에 오르기 위한 모색과 수련의 과정.

저것 실험도 해볼 수 있다. 이는 온라인 커뮤니티가 매력적인 이유 중 하나"라고 주장했다.[27] 청소년기의 '유예'를 자기 계발의 중요한 단계, 즉 "정체성 형성을 돕는 사회적 가치 탐구"의 한 과정으로 다양한 관습과 신념, 강령을 실험할 수 있는 시기라고 생각한다면, 인터넷은 경제적 불확실성과 에이즈가 만연한 시기에도 무모한 실험을 안전하게 이어 갈 수 있는 공간이었다.[28]

그러나 결과적으로 인터넷의 발달은 완전히 다른 방향으로 전개되어 청소년기의 책임 유예라는 개념 자체를 위협하기에 이르렀다. 즉, 청소년기에는 '자아 발견'이라는 명분 아래 일정 부분 위험을 감수하고 그 과정에서 다소 실수도 범할 수 있다는 공통된 사회적 이해가 있었다. 하지만 2010년대 들어서는 결과에 구애받지 않고 자아 발견을 안전하게 수행할 수 있는 공간이 급속히 줄어들고 있다.

2000년대 초반 인터넷은 이미 완전히 다른 공간으로 변모하고 있었다. 2004년 페이스북을 시작으로 소셜 미디어 플랫폼이 등장하면서 사람들이 인터넷에 올리는 콘텐츠는 점점 더 자신의 실제 모습을 닮아 갔다. 당시에는 분명하게 드러나지 않았을지 몰라도 소셜 미디어 플랫폼의 본질은 인터넷의 결정적인 특징이었던 가상과 현실의 격차를 좁히는 것이다. 물론 (가상 세계 사이트인 '세컨드 라이프Second Life' 같은) 판타지 공간도 온라인 게임에서 계속 번창하면서 명맥을 유지하고 있지만, 소셜 미디어는 인터넷 초기의 판타지 기반 공간보다 훨씬 더 큰 인기를 누리고 더 강력한 힘을 발휘할 것이다.

현실이 온라인 공간을 지배하면서 또 다른 변화가 생겼다. 온라인 공간이 사용자에게 신원 등록을 요구하기 시작한 것이다. 신원을 확

인하지 않고 이메일 계정을 만들 수 있던 시절은 이미 오래전에 지나
갔다. 또한 점점 더 많은 사이트가 유료 과금 방식인 페이퍼뷰pay-per-
view나 페이포유즈pay-for-use 서비스와 연계하면서, 청소년은 부모의 허
락과 신용카드가 있어야만 콘텐츠에 접근할 수 있게 됐고 성인들은
은행 업무나 공과금 납부 같은 따분한 일을 온라인으로 하게 됐다.
따라서 청소년들은 아무리 신기술을 끔찍이 싫어하는 부모라 하더
라도 온라인 세계에 완전히 무지할 수 없다는 사실을 받아들여야 했
다. 한때는 성별을 바꾸거나, 날개를 달거나, 상상 속 존재와 성관계
를 가질 수 있는 세상으로 들어가는 신비로운 관문이었던 인터넷은
점점 일상과 더 닮아 갔다. 많은 사용자들이 인식하지 못했지만 이때
부터 우리의 디지털 발자국도 훨씬 더 빠른 속도로 쌓이기 시작했다.
새로운 밀레니엄의 첫 10년이 끝날 무렵에는 한때 '사이버 공간'(공상
과학 소설에서 적절하게 빌려 온 개념)으로 알려진, 즉 우리의 실제 모습
을 잊는 걸 돕겠다고 약속했던 공간이 오히려 잊고 잊히는 것을 가로
막는 걸림돌이 되어 버렸다.

사회심리적 유예 기간의 복원

채용 담당자와 인사 전문가들이 인정하듯 이제는 최소한의 온라인
예비 조사 없이 채용이 이뤄지는 경우는 드물다. 많은 채용 담당자가
제3자를 고용해 일차적인 구글 검색으로는 쉽게 드러나지 않는 입사
지원자의 정보를 캐내기도 한다. 그 결과 지원자 중에 자기가 남긴

디지털 발자국 때문에 고배를 마시는 경우도 어렵지 않게 접한다.[29]

촉각을 곤두세운 건 채용 담당자만이 아니다. 배우자 후보도 이제는 광범위한 인터넷 검색의 대상이 되었는데, 가끔은 가족이 아닌 친척까지 나서기도 한다. 공동 사무공간부터 여름 캠프까지 온갖 종류의 지원자들 역시 검색 대상이다. 한때는 면접만으로 충분했던 일이 점점 더 검색에 의지하고 있다. 어떤 의미에서 모든 사람은 자신이 온라인에 남긴 기록물까지 포함해야 자기를 파악하게 되는 셈이다.[30] 그리고 이 같은 변화로 정말 중요한 것이 자취를 감췄다. 한때 일부 청소년이 어느 정도까지는 당연하게 누렸던 '심리사회적 유예'가 사라진 것이다. 어떻게 이런 상황을 회복하고 나아가 더 확장할 수 있을까?

그 해답 중 하나로 제시된 것이 개인정보 삭제 법안, 특히 (캘리포니아주의 미성년자 디지털 개인정보 보호법Privacy Rights for California Minors in the Digital World처럼) 미성년자 보호를 주 목적으로 하는 법안이다. 하지만 그런 단편적인 법률만으로는 청소년의 심리사회적 유예 과정을 복원하기가 역부족이다. 전 세계 청소년은 소비자이면서 동시에 생산자로 디지털 라이프에 이미 깊숙이 발을 담그고 있다. 몇몇 사법관할구역에서 일부 청소년들에게 개인정보 삭제 권리를 부여하는 것만으로는 이런 광범위한 문제를 해결할 수 없다.

법적 기반이 아닌 기술적 기반에서 책임 유예를 실시하는 것은 어떨까? 『잊혀질 권리: 디지털 시대의 원형 감옥, 당신은 자유로운가?』 (지식의날개, 2011)에서 빅토어 마이어 쇤베르거Viktor Mayer-Schönberger는 균형추를 '재조정'해서 다시 한번 "망각을 기억보다 아주 조금 더 쉽게 만들어야 할" 때가 됐다고 주장했다. 그의 제안은 전면적인 법적 해결책 대신 몇 가지 대안에 의존하는데, 그중 하나가 사용자들이 인 터넷에 정보를 저장할 때 기한을 설정하도록 하는 방식 같은 기술적 해법이다. 쇤베르거는 이에 대해 "망각을 강제하려는 것이 아니라, 자각과 인간 행동을 촉구해서 사람들이 (아주 잠깐이라도) 자신이 저 장하려는 정보가 얼마나 오랫동안 가치와 유용성을 유지해도 좋은지 생각해 보도록 하는 것"이라고 설명했다.[31] 일견 합리적이고 실행 가 능한 것처럼 보이는 이 제안이 과연 널리 수용될 수 있을까? 다시 말 해 시간이 지나면 디지털 정보가 사라지기를 바라는 집단적 욕구가 특히 어린이와 청소년 사이에 정말 존재할까? 이런 측면에서 스냅챗 은 특히 주목할 만한 사례로 꼽힌다.

스냅챗은 2011년 문구나 이미지를 제한된 시간 동안만 공유할 수 있는 소셜 미디어 플랫폼으로 출발했다. '스냅snap'은 일단 보고 나 면 자동으로 삭제된다. 스냅챗은 밀레니얼 세대를 타깃으로 삼았지 만 많은 어린이를 포함해서 그보다 더 어린 세대가 빠르게 받아들였 으며, 처음에는 청소년들이 장기적인 결과에 묶이지 않고 온라인에 서 콘텐츠를 공유하고 서로 연결되는 그 유예를 제공하는 듯했다. 이 론상으로 스냅챗을 이용하면 나중에 곤란한 일을 당할 걱정 없이 장 난스럽거나 낯 뜨거운 문구나 이미지를 공유할 수 있었다. (사실 사진 은 서버에서 삭제된 뒤 캐시에 저장되지만, 파일 확장자가 변경돼서 되살리 기 어렵다.) 초기만 해도 스냅챗은 소셜 미디어 시장에서 반가운 얼굴 로 평가받았고, 일부 나이 어린 소셜 미디어 사용자의 부모들에게는 인스타그램이나 페이스북보다 '안전한' 대안으로 환영받기까지 했다.

그러나 스냅챗 특유의 이미지 삭제 기능이 특히 어린 사용자들을 부추겨 위험을 무릅쓴 행동을 하게 만든다는 지적이 제기되자 이 같은 지지는 금세 사그라들었다. 그리고 얼마 지나지 않아 스냅챗은 음란 채팅을 위해 만들어진 도구라는 공격에 직면했다. 소셜 미디어를 연구하는 다나 보이드Danah Boyd는 이런 인식을 주로 언론이 부채질했다고 주장한다.[32]

실제로는 스냅챗이 주장하는 단명성短命性도, 스냅챗이 주로 음란 채팅에 사용된다는 주장도 모두 다 사실이 아닌 것으로 드러났다. 스냅챗의 최초 버전은 사용자가 이미지나 문구를 저장하지 못하도록 제한했지만, 공유된 이미지가 정말로 사라지는 건 아니었다. 컴퓨터에 능숙한 사용자들은 이 같은 제약을 피해 가는 방법을 금세 알아냈다. 스냅챗 앱에 공유된 이미지를 스크린샷으로 찍어서 보관하거나 다른 플랫폼에 다시 올리는 식이다.[33]

사람들이 스냅챗을 어떻게 그리고 왜 쓰는지를 조사한 연구 결과, 음란 채팅에 관한 소문들도 과장된 것으로 드러났다. 성인 100여 명을 대상으로 2014년에 벌인 설문 조사에서는 응답자의 1.6퍼센트만 스냅챗을 주로 음란 채팅 용도로 사용한다고 답했다. 14.2퍼센트는 가끔 그런 목적으로 스냅챗을 쓴다고 답했고, 4분의 1에 가까운 23.6퍼센트는 (장난삼아 성적인 것처럼 꾸민 내용을 보내는) '장난 음란 채팅joke sexting' 용도로 스냅챗을 사용한다고 응답했다.[34] 다나 보이드도 청소년과 소셜 미디어에 관한 연구에서 비슷한 결론에 도달했다. 보이드는 저서에서 "청소년들에게 물어본 결과, 그들은 대부분 후대까지 남기려고 만든 이미지가 아니라는 사실을 드러내려고 스냅챗을 사용한다. 그들은 자기들만 알아듣는 농담이나 장난스러운 사진, 오직 그 순간에만 웃긴 이미지들을 공유했다. 청소년들은 이런 디지털 이미지의 생산과 공유를 기록물로 보기보다는 일종의 '가벼운 몸짓'으로 여겼다. 그리고 이런 생각을 드러내기 위해 스냅챗을 사용했다"고 설명했다.[35]

이 대목에서는 스냅챗이 시간 및 기억과 갖는 독특한 관계를 주목해야 한다. 사용자들은 한편으로 단명성에 대한 보장 때문에 스냅챗을 즐기면서도 다른 한편으로는 그 단명성을 재빨리 무력화했다. 스냅을 캡처하고 저장하는 창의적인 방법을 최초로 찾아낸 이는 스냅챗 측이 아니라 스냅챗 사용자인 스내퍼snapper들이었다. 결국 스냅챗은 사용자들이 원하는 대로 스냅에 영구적으로 접근할 수 있게 해 주는 '무제한infinity'이라는 그럴싸한 이름의 타이머 설정 기능을 내놓았다.[36] 스냅챗 사례에서 보듯, 청소년들은 자신이 인터넷에 올리는 정보에 기한을 부여하려는 어떤 간섭도 거부할 가능성이 높다.

그 이유는 복잡하겠지만, 한 가지 요인은 십대들이 특히 감수성과 향수에 잘 휩싸이는 데다 이런저런 형태로 이를 잘 드러내기 때문일 수도 있다. 최근 십대였던 (또는 현재 십대와 함께 살고 있는) 사람이라면 누구나 청소년들이 (쓰고 난 입장권이나 영화 프로그램, 스키 리프트권, 병뚜껑, 작아서 못 입게 된 티셔츠 등등) 쓸모없어진 물건을 버리지 않고 계속 가지고 있겠다고 고집을 피우는 사례를 많이 보았을 것이다. 문학평론가 수잔 스튜어트의 표현을 빌리자면 이 물건들은 기념품이라기보다는 '키치적 대상kitsh objects'에 가깝다. 금전적 가치는 없지만 일종의 집단적 관행이나 경험 또는 정체성이 아로새겨진 소비재를 뜻하는 말이다. 스튜어트는 키치적 대상이 "한 시대의 기념품이지 개인의 기념품이 아니"며, 이 때문에 "주로 사회화가 집중적으로 이루어지는 청소년기에 이를 모으는 경향이 있다"고 말한다.[37]

청소년들은 (강렬한 관계나 특별히 기억에 남는 경험처럼) 차마 내버릴 수 없는 바로 그 물건들에 의지할 수 있다는 환상을 사실처럼 믿는다. 디지털 시대에도 청소년들은 여전히 무언가를 모으는데, (즉석 사진 부스에서 찍은 연속 사진 같은) 실제 사진과 물리적 인공물뿐 아니라 디지털 인공물도 함께 모으고 있다. 스냅챗 사례에서 우리는 (설사 개별 사용자에게 기한 설정 권한을 준다고 하더라도) 정보에 기한을 설정하려는 그 어떤 시도도 결국 강력한 적수를 만나게 됨을 알 수 있다. 청소년들이 디지털 인공물을 포함해서 온갖 인공물에 흔히 느끼는 강한 애착 말이다. 이처럼 청소년들의 감수성과 향수가 망각에 예상치 못한 도전이 될 수도 있다. 그러나 21세기 들어 망각은 그보다 훨씬 더 강력한 장애물을 만난다.

3장

멀티 스크린 시대,
기억은 어떻게 재구성되는가

유년기와 청소년기가 사라지지 않고 영원히 지속되는 환경에서 성장할 경우 어떤 장기적인 영향을 받을지 예측하기 힘든 이유 중 하나는 그런 경험과 유사한 역사적 선례를 거의 찾을 수 없기 때문이다. 주목할 만한 예외가 하나 있다면 아역 스타들이 겪은 비극적인 말로다. TV 폭로 프로그램이나 연예 잡지에 너무나 자주 등장하는 소재여서 누구나 아역 연예인의 몰락에 대한 얘기 하나쯤은 기억하고 있을 것이다. 이런 이야기들이 타블로이드 신문의 단골 메뉴가 된 까닭은 이야기의 전개가 뻔한 데다 따로 소개할 필요가 없는 단일 인물에게 초점을 맞추기 때문일 것이다. 대체로 지저분하기 짝이 없는 이런 이야기에는 공통적인 전제가 하나 깔려 있다. 청소년기에 미디어에 과도하게 노출되면 약물 중독이나 범죄, 투옥, 심지어는 요절로 이어질 수도 있다는 것이다. 슬프게도 이 같은 전제가 완전히 허무맹랑한 애기는 아닌 듯하다.

일찍 성공한 아역 스타의 비극적인 사생활과 관련해서 반면교사로 가장 자주 오르내리는 사례는 1970년대 시트콤《신나는 개구쟁이 Diff'rent Strokes》에서 형제 역을 연기한 세 명의 아역 배우들이다. 이 시트콤의 이야기는 다음과 같다. 아내와 사별하고 홀로 지내는 드러몬드라는 남자는 가정부가 죽자 그녀가 남긴 두 흑인 형제 아놀드와 윌슨을 입양한다. 할렘에 살던 형제는 어퍼 이스트 사이드의 파크 애비뉴 고층 아파트로 이사해서 드러몬드와 그의 십대 딸 킴벌리와 함께 살게 된다.《신나는 개구쟁이》는 인종 차별이나 약물 중독, 아동 유괴와 강간 같은 자못 심각한 주제들을 익살스럽게 풀어냈다.

프로그램이 종영된 지 수십 년이 흐른 뒤에 시트콤의 세 아역 배우가 언론의 머리기사에 등장했는데, 연기자로 소개된 게 아니었다. 먼저 아놀드 역을 맡았던 개리 콜먼Gary Coleman은 부모와 매니저를 자금 횡령 혐의로 고소했다. 결국 100만 달러에 합의하긴 했지만 얼마 뒤 콜먼은 파산 신청을 했고 나중에는 쇼핑몰 경비원으로 일하게 됐다. 이후 폭력 사건으로도 몇 차례 언론을 떠들썩하게 만든 콜먼은 42살에 뇌 손상으로 세상을 떠났다.[1] 조연인 킴벌리 역을 맡았던 다나 플라토Dana Plato는 그때 이미 스스로 목숨을 끊은 뒤였다. 플라토도 콜먼처럼 시트콤이 끝난 뒤 줄곧 경제적으로 어려움을 겪었다. 34살에 사망하기 전까지 그녀는 여러 차례 최저임금을 받고 일했으며, 플레이보이 모델로 카메라 앞에 섰고, 가벼운 포르노물도 찍었다. 심지어는 장난감 총을 들고 비디오 가게에서 강도 행각을 벌이기도 했다.[2] '신나는 개구쟁이'의 아역 배우 중 유일하게 살아남은 사람은 윌리스 역을 맡은 토드 브리지스Todd Bridges다. 브리지스는 나중에 결국 연기자로 복귀하긴 했지만 한때 코카인 중독으로 체포되기도 했다. 2010년 그는 과거와 완전히 결별하기 위해 모든 사실을 숨김없이 털어놓은 회고록 『윌리스 죽이기Killing Willis』를 출간했다.[3] 다른 많은 아역 스타들처럼 그 역시 과거의 정체성(아니면 적어도 한때 그가 연기했던 드라마 속 허구의 청소년)이 사라지지 않고 계속 남았기 때문에 청소년 시절의 자신을 '죽이는' 일이 무척 힘들었던 것이다.

타블로이드 신문들이 아역 배우들의 비극적 말로를 전하며 연일 호들갑을 떨지만, 모든 아역 배우가 결국 잘못된 길로 빠져든다고 생각한다면 오산이다. 콜먼과 플라토, 브리지스 같은 경우도 있지만, 성인이 돼서도 성공적으로 연기 경력을 이어 가거나 아예 직업을 바꿔 연기와 전혀 관련 없는 일을 하면서 평범한 삶을 사는 아역 스타도 있다.

성인이 돼서도 성공적인 삶을 살아가는 아역 스타와 그렇지 못한 스타를 가르는 요인은 무수히 많지만, 어린이 연기자 보호 규정이 점점 강화되면서 오랜 세월 이들이 겪은 고통이 다소나마 줄었다. 뉴욕주나 캘리포니아주 같은 미국 영화 산업의 중심지에서 연극 무대나 TV, 영화에 출연하는 미성년자 배우들은 다양한 노동법과 아동보호법의 보호를 받는다. 어린이 연기자가 일하는 기한을 명시하고, 학교 수업에 출석할 수 있게 (아니면 온라인 수업을 하거나 세트장으로 개인교사를 불러 고등학교 과정까지 마칠 수 있게) 보장하는 법률이 마련돼 있다. 뉴욕주와 캘리포니아주에서는 어린이 연기자의 미래를 위해 그들이 벌어들이는 수입의 15퍼센트를 의무적으로 신탁계좌에 이체하

도록 했다. 어린이 연기자의 건강과 윤리 등 종합적인 복지를 보장하기 위해 제정된 법률도 있다.[4]

하지만 뉴욕주와 캘리포니아주에서조차 모든 아역 연기자가 이런 보호 규정을 적용받는 것은 아니다. 소셜 미디어의 확산으로 건강과 행복은 물론 금전 문제에 이르기까지, 관련 법률과 규정의 보호를 받지 못하는 아역 스타들이 늘고 있다.[5] 그런데도 이들이 받는 장·단기적 영향에 대해 관심과 우려를 나타낸 심리학자나 법학자, 미디어 전문가 들은 놀랄 만큼 적은 실정이다. 이는 소셜 미디어 시대의 스타들이 이전 세대와 공통점이 별로 없기 때문일 수도 있다. 소셜 미디어 스타 중 상당수는 의도치 않게 스타덤에 올랐는데, 대개 공적인 활동보다는 개인적인 행동 덕분에 유명세를 탔다. 실제로 아기나 어린이, 청소년을 포함한 소셜 미디어 스타들은 종종 침실과 식탁 같은 일상적인 공간과 개인적이고 은밀한 세계를 공개적으로 드러내 보인다. 이런 점에서 현재 소셜 미디어 아역 스타들은 '아역 배우'보다는 디오네 다섯 쌍둥이Dionne quintuplets와 공통점이 더 많을지도 모른다.

1934년 캐나다 온타리오주에서 태어난 다섯 쌍둥이 자매는 유년기 대부분을 정부가 운영하는 놀이공원의 유리벽 뒤에서 보냈다. 오늘날 어린 소셜 미디어 스타 중 상당수가 그렇듯, 이 다섯 쌍둥이는 한쪽에서만 볼 수 있는 창을 통해 (10년간 300만 명으로 추산되는) 구경꾼에게 볼거리로 제공됐다. 수십 년이 흐른 뒤 디오네 자매 중 생존자들은 어린 시절 구경거리로 내몰리며 학대받은 것에 대해 주 정부에게 배상을 받았다.[6] 오늘날 아동 소셜 미디어 스타들은 어떤 운명을 맞게 될까? 이 질문에 답하기 힘든 이유 중 하나는 이 스타들이 동질적인 집단이 전혀 아니기 때문이다. 이들이 인터넷에서 유명세를 얻기까지 작용한 자각과 동력, 복잡성 정도는 제각기 다르다. 인터넷 스타가 된 아기와 어린이, 청소년이 단기적·장기적으로 받을 영향은 그들의 강력한 힘만큼이나 파괴적일지도 모른다.

아기 사진과 '인터넷 밈'

'아기'는 인터넷에서 가장 인기 있는 이미지 중 하나다. 사진술이 발명된 이래 아기와 어린이는 인기 있는 대상이었기 때문에, 카메라 제조업체들은 신기술 홍보에 이들을 자주 활용했다. 이후 디지털 사진과 소셜 미디어 플랫폼이 등장하면서 서로 주고받는 아기 사진이 급격하게 증가했고, 그에 따라 형태와 쓰임새도 크게 늘어났다. 매일 인터넷에 얼마나 많은 아기 사진과 어린이 사진이 올라오는지 정확히 파악하기는 힘들지만, 한 연구 결과에 따르면 자녀 사진을 인터넷에 올리는 행위는 전 세계적 현상이다. 2016년에 엄마 127명을 대상으로 조사한 결과 98퍼센트가 갓난아이 사진을 페이스북에 올렸고, 80퍼센트는 아이 사진을 자신의 프로필 사진으로 등록했다.[7] 2015년 영국의 부모 2,000명을 대상으로 한 설문 조사에서는 부모 한 사람당 자녀 사진을 매년 200장 가깝게 인터넷에 올리는 것으로 드러났다. 이는 아이들이 유치원에 들어가는 5살 무렵이 되면 이미 그들 사진이 한 명당 1,000장 넘게 인터넷에 올라가 있다는 뜻이다.[8]

디지털 사진과 카메라폰, 소셜 미디어 플랫폼의 등장으로 사진과 영상을 찍는 일이 더 쉬워지고 저렴해지면서, 아기와 어린이를 찍은 사진과 영상의 수가 증가했을 뿐 아니라 그 내용 역시 달라졌다. 2015년 미국인 수백 명을 대상으로 한 여론 조사 결과 요즘 부모의 대다수(어머니의 84퍼센트, 아버지의 70퍼센트)가 소셜 미디어를 사용하는 것으로 드러났다. 이들 중 대다수(74퍼센트)는 자녀 사진을 인터넷에 '지나치게 많이 공유'한다고 생각하는 부모를 한 사람 이상 알고 있으며, 56퍼센트는 다른 부모가 올린 자녀 사진에서 당혹스런 정보를 접했다고 답변했다. 뿐만 아니라 51퍼센트는 다른 부모가 아이의 위치 정보를 소셜 미디어 플랫폼에 노출하는 걸 본 적이 있다고 답했고, 27퍼센트는 부모들이 부적절한 자녀 사진을 인터넷에 올린다고 응답했다.[9]

과거에도 분명 어떤 부모는 두 살짜리 아이가 배변 훈련을 하는 장면을 홈 비디오로 찍어 뒀다가 아이의 13번째 생일 파티 때 프로젝터로 틀어 버리는 형편없는 결정을 했을 것이다. 하지만 그런 일은 흔하지 않았다. 그런 상황을 찍으려는 욕구가 강한 부모라야 필름을 제때 카메라에 넣고 제때 순간을 포착할 수 있었기 때문이다. 그 뒤에도 찍은 이미지를 현상하려면 제3자의 손을 빌려야 했고 현상 공장의 조심성 있는 기술자의 검열에 걸릴 가능성도 있었다. 반면 요즘 부모들은 집안일을 하거나 아이를 돌볼 때 이미 카메라가 달린 전화기를 손에 쥐고 있거나 주머니에 넣고 있다. 게다가 이제는 제3자 개입 없이도 이미지를 다른 사람과 공유하게 되면서, 즉흥적이고 때로는 적절치 못한 아기 사진과 어린이 사진이 계속 인터넷에 확산하고 있다. 그렇다면 부모들이 인터넷에 '과도하게' 공유하는 사진은 무엇이고 왜 그런 행동을 하는 것일까?

한 연구 결과에 따르면 자녀 사진과 이야기를 인터넷에 올리는 '셰어런팅sharenting*'은 아빠보다는 엄마, 특히 갓 출산한 아기 엄마들에게 더 흔히 나타난다.[10] 일부 연구자들은 보통 엄마가 집에 혼자 남아 어린 자녀를 보살피는 경우가 많기 때문에, 고립감에서 벗어나려고 그런 행동을 하는 것으로 추정한다. 아빠도 가만히 있지 않는다. 이 장을 쓸 무렵, 아빠 블로거인 제시 힐Jesse Mab-Phea Hill이 집에서 벌어진 고약한 사건에 관해 설명하면서 사진 몇 장을 페이스북에 올렸다. 힐이 케이크를 먹으며 유튜브를 감상하면서 느긋한 오후를 즐기려던 순간 어디선가 지독한 냄새가 풍겨 왔다. 그는 먼저 반려견이 사고를 친 게 아니라는 걸 확인하고 아기를 살펴보기 위해 2층으로 올라갔다. 눈앞에 펼쳐진 광경은 걱정했던 것보다 훨씬 더 심각했다. "딸아이가 아기들이 드나들지 못하게 막아 놓은 문 앞에서 엉덩이를 내보인 채 손에 기저귀를 들고 서 있었어요. 머리부터 발끝까지 자기 변을 뒤집어쓴 채로요. 응가가 여기저기 살짝 묻은 정도가 아니었어요. 인분 덩어리가 팔다리와 얼굴 그리고 머리카락에까지 겹겹이 발라져 있었어요."[11] 힐이 잠깐 한눈을 판 사이에 아기가 변을 자기 몸뿐 아니라 방 안 곳곳에 발라 버린 것이다. 힐은 딸아이의 사진과 함께 엉망진창이 된 침실 사진을 올렸다. 그의 이야기는 놀랍도록 많은 반향을 불러일으켰다. 며칠 만에 그의 글은 10만 번 이상 공유됐고, 그가

---

* 공유(share)와 육아(parenting)의 합성어로, 자녀의 일거수일투족을 소셜 미디어에 공유하는 현상을 뜻하는 말.

겪은 배설물 사태는 (얄궂게도 주부 잡지 『굿 하우스키핑Good Housekeeping』을 포함한) 세계 각국의 신문과 잡지에 소개됐다. 분명 힐이 올린 글이나 사진 어디에도 딸에게 해를 끼치기 바라는 구석은 없었다. 그리고 그 게시물에 댓글을 남긴 사람들은 대부분 썩 아름답지 않은 육아의 한 측면에 대한 힐의 익살스러운 고백을 기꺼이 받아들였다. 하지만 힐의 딸은 어떨까? 난생처음 여러 사람에게 널리 알려진 자기 모습이 변을 뒤집어쓴 갓난아기란 사실을 알게 되면 (아니면 친구나 같은 반 아이가 알게 되면) 어떤 기분이 들까?

대다수 부모는 단지 육아의 기쁨과 시련을 가족과 친구 또는 더 큰 가상 공동체와 공유하려고 자녀 사진을 인터넷에 올린다. 하지만 일부 부모들은 금전적인 측면을 포함한 다른 요인 때문에 공유하려는 충동을 느낀다.

최근 들어 처우나 소득에 관한 법적 보호를 전혀 받지 못하는 어린 스타들이 늘고 있다. 개빈은 기분 표현과 얼굴 표정으로 인터넷 밈meme* 세계에서 스타의 반열에 올랐다. 그러나 두 살 때인 2013년에 '밈' 스타가 된 뒤로 지금까지 개빈은 자신의 인기에 대한 통제권을 거의 갖지 못하고 있다. 개빈의 삼촌인 34살의 닉 매스토돈Nick Mastodon은 (영상 공유 앱) 바인Vine에 자극적인 게시물들을 올려서 이름을 알린 인물로, 개빈이 유명세를 타는 과정을 처음부터 계획하고 지휘했다.[12] 개빈의 밈이 빠르게 확산하자 개빈의 엄마 케이티 토머스Katie

---

* 인터넷상에서 급속도로 확산되는 패러디 영상, 사진, 글 등을 총칭하는 신조어.

Thomas도 개빈의 밈을 인터넷에 올리는 일을 거들기 시작했다. 오래지 않아 개빈은 가장 널리 공유되는 어린이 밈의 주인공이 됐지만, 자신이 유명하다는 걸 알고 있는지 그리고 그로 인해 벌어들인 돈을 완전히 통제하고 있는지 분명치 않다. 개빈의 삼촌과 엄마가 개빈의 '대학 학자금' 용도로 돈을 따로 저축하고 있다고 공개적으로 밝혔지만, 지금까지 개빈이 밈을 통해 직간접적으로 얼마나 많은 돈을 벌었는지 (소셜 미디어 출연과 별개로 개빈의 엄마는 아들 사진이 들어간 티셔츠를 장당 20달러에 팔고 있다), 그리고 얼마나 많은 돈을 저축했는지는 알려진 바 없다.[13] 분명한 것은 (적어도 엄격한 어린이 연예인 보호법이 제정된 사법관할구역 내에서) 연극 무대나 영화 촬영 현장에서 일하는 아역 배우들과 달리 개빈에게는 누가 자기 수입에 손을 댈 수 있는지 명시하는 어떤 법도 없으며 일상생활이 대중에게 노출되고 방해받더라도 제동을 걸 방법이 전혀 없다는 사실이다.

개빈은 이런 상황에 처한 수많은 어린이 중 한 명일 뿐이다. 2010년 이래로 점점 더 많은 부모와 후견인, 조부모, 친지와 친구 들이 아기·어린이 영상과 사진을 인터넷에 올리고 있다. 이 게시물은 대부분 가족과 친구들을 위한 것이지만, 사람들에게 주목받거나 금전적인 이득을 약간이라도 취하려는 의도로 올린 것도 일부 있다. 매튜Matthew가 그런 케이스다. 매튜의 아빠 마이크 처우Mike Chau는 뉴욕에 거주하는 미식가로, 2012년부터 레스토랑 평가 사이트 옐프Yelp에 식당 평을 1,000개 이상 올렸다. 그는 매튜가 태어나기 전부터 이미 옐프에 장문의 글을 올렸지만, 매튜가 태어난 뒤에야 주목을 받기 시작했다. 처우의 글에는 옐프에 올라오는 대다수의 식당 평과 다른 점이 하나 있는데, 모든 글에 아기 매튜의 사진이 들어간다는 것이다. 최고급 파스타가 담긴 접시를 심드렁하게 쳐다보는 모습부터, 초콜릿 소스를 얹은 피스타치오 케이크에 반색하는 모습까지 아기 매튜는 옐프에서 큰 인기를 모았다. 그 덕에 이제 매튜의 아빠는 그들 가족에게 공짜 식사를 제공하려는 뉴욕의 레스토랑 업주들로부터 끊임없이 러브콜을 받고 있다.[14] 하지만 언젠가 매튜가 어린 자신의 익살스러운 행동을 뉴욕시 전역의 레스토랑에서 이용해 먹었다며 아빠를 원망하게 되지는 않을까? 사생활 침해를 이유로 소송을 걸 수도 있지 않을까?

힐의 딸 같은 몇몇 소셜 미디어 아기 스타들이 설사 훗날 소송을 걸더라도 부모 책임을 묻기는 힘들어 보이지만(힐은 악의도 없고 금전적인 이득을 노린 것 같지도 않다), 어떤 아기 스타들은 소송을 제기할 만한 상당한 이유가 있을지도 모른다. 어쨌든 개빈이 (연극이나 영화배우 같은) 전통적인 아역 스타로 경력을 쌓기 시작했다면, 거주하고 활동하는 지역에 따라 노동 조건과 수입 모두 규제 대상이 됐을 것이다. 하지만 삼촌이 소셜 미디어 사이트 바인에 글을 올리면서 개빈의 인기가 시작됐기 때문에, 그럴 가능성은 애초에 없었다. 아기를 소재로 한 인터넷 밈들은 대부분 계약서 따위와는 전혀 상관없는 방식으로 수익을 낸다. 아기 밈을 올린 개인 홈페이지나 유튜브 채널에 클릭 기반 광고가 붙어 수익을 내는 게 일반적이다. 그러나 법적 고려사항은 차치하더라도 그 밖의 잠재적 비용에 대해 고민해 볼 필요가 있다. 그중 하나는 유년기에 대한 우리의 기억과 관련이 있다.

사람들은 보통 부정적인 기억보다 긍정적인 기억을 더 많이 간직한다. 몇몇 연구 결과, 실제로 성인은 살면서 일어난 일들 중에 부정적인 일보다 긍정적인 일을 두 배 더 많이 기억하는 것으로 밝혀졌다. 뿐만 아니라 긍정적인 기억은 청년층보다는 중년층에게 더 많다. 긍정적인 기억은 행복을 증진하고, 사람은 (수치나 우울함보다는 기쁨처럼) 부정적인 감정보다는 긍정적 감정을 경험할 때 더 잘되는 경향이 있으므로 이는 좋은 소식이다.

심리학자 시몬 노르비Simon Nørby는 긍정적인 기억이 우세한 이유를 몇 가지 제시했다. "한 가지 이유는 (…) 긍정적인 일이 부정적인 일보다 더 자주 일어나기 때문으로 보인다. (…) 또 다른 이유는 아마도 '회고 절정'reminiscence bump*이 청년기의 긍정 기억에는 작용하지만 부정 기억에는 작용하지 않기 때문일 수도 있다." 노르비가 꼽은 세 번째 이유는 "사람들이 부정적 경험을 선택적으로 망각하는 것으로 보인다"는 것이다. 노르비는 이런 형태의 망각을 단순한 기억력 감퇴로 간과해서는 안 된다고 주장한다. 청년기에 얻은 부정적 기억들을 포함해서 부정적 경험에 대한 선택적 망각이 유용한 이유는 "건강한 사람이라도 대부분의 시간을 부정적인 기억에 사로잡혀 있으면 불행하다고 느낄 것이기 때문"이라는 게 노르비의 주장이다.[15] 이런 주장이 사실이라면, 유년기의 경험들이 기록되고 온라인에 올라가 세월이 흘러도 계속 되살아나게 될 많은 아이들 앞에는 어떤 위험이 도사리고 있을까? 제시 힐이 페이스북에 올리는 육아 관련 게시물을 즐

* 인생에서 가장 행복했던 순간을 떠올릴 때 대개 십대에서 20대 초반까지의 기억을 가장 많이 회고하는 경향.

겨 보는 사람은 10만 명이 넘는다. 그들은 대부분 힐의 이야기를 읽고 첨부된 사진들을 보면서 긍정적인 경험을 했겠지만, 힐의 딸이 앞으로 10년이나 20년이 흐른 뒤에 과거의 일과 마주했을 때 그렇게 긍정적인 시각으로 자기 인생을 바라보리라는 보장은 없다. 과거였다면, 힐의 딸은 수치스러운 유년기 경험을 잊어버리고자 다시는 그 기억과 맞닥뜨리지 않았을 거라는 점은 분명하다.

청소년 소셜 미디어 스타들

분명한 것은 청소년 인터넷 스타들이 전부 성인의 개입으로 만들어진 존재는 아니라는 점이다. 상당수의 어린이와 청소년은 스스로 노력해서 팬을 확보하고 자기 힘으로 스타가 됐다. 2015년 『롤링 스톤 *Rolling Stone*』은 크리스천 리브Christian Leave로 더 유명한 크리스천 애크리지Christian Akridge에 관한 기사를 실었다. 지금은 없어진 바인에서 유명세를 타기 전까지만 해도 크리스천은 다른 14살 소년들과 전혀 다를 바가 없었다. 올드 네이비Old Navy 진열대에서 방금 집어 온 듯한 캐주얼 의상을 대충 걸쳐 입는 걸 무척이나 좋아하고, 늘 시시껄렁한 농담을 내뱉던 크리스천은 만사가 따분하던 차에 타코 식당에서 아르바이트나 해 볼까 고민하면서 인터넷 서핑으로 시간을 허비하고 있었다.

하지만 그가 만든 코믹한 영상들이 바인 사용자들 사이에서 큰 인기를 끌면서, 불과 몇 달 만에 10만 명이 넘는 사람들이 그의 팔로어가 됐다. 그 덕에 크리스천은 얼마 뒤 (팬들이 소셜 미디어 스타들을 직접 만나는 순회 라이브 행사인) 프레스플레이PressPlay에서 모두가 선망하는 자리에 섰다. 카키색 반바지 차림으로 화장실 유머를 늘어놓는 십대 청소년이 그다지 매력적으로 보이진 않겠지만, 많은 청소년 팬 중에서도 특히 사춘기 소녀들은 전통적인 스타보다 크리스천 같은 소셜 미디어 인기 스타를 더 좋아한다. 이 스타들은 트위터와 유튜브를 비롯한 소셜 미디어 앱에 끊임없이 게시물을 올려 팬들과 '진짜 관계'를 맺고 있다는 환상을 만들어 내는데, 상당수 팬은 그런 관계에 더 큰 진정성을 느낀다. 나이 어린 개빈이나 매튜와 달리 크리스천은 거의 전적으로 자기 이미지를 관리하고 있다. 크리스천에 따르면, 다른 남자아이와 손을 잡고 있는 영상을 그의 부모가 보고는 성적 취향에 대해 오해를 받을 소지가 있다며 삭제하게 한 적은 있다고 한다. 그러나 대체로 크리스천의 인기는 스스로 만들어 낸 것이고, 지금까지는 이득이 더 많았다. 학교를 그만두고 홈스쿨링을 선택하긴 했지만(소셜 미디어의 유명세 때문에 학교 결석이 매우 잦았다), 프레스플레이 순회 행사에 참여한 뒤로 크리스천은 소셜 미디어상의 인기를 바탕으로 성공적으로 돈을 벌고 있다.[16]

이제는 프레스플레이 말고도 비슷한 라이브 투어 행사를 몇 개 더 개최해도 될 만큼 청소년 소셜 미디어 스타들이 많아졌다. 이 투어 행사에 참여하는 스타는 대부분 젊은 남성들이고 팬들은 대부분 사춘기 소녀지만, 남성 스타들처럼 청소년을 겨냥한 농담을 능수능란하게 던지는 젊은 여성 스타도 몇 명 있다.[17] 바인에서 시작해서 유튜브 스타가 된 알리 피츠패트릭Alli Fitzpatrick은 팔로어가 수백만 명에 달한다. 피츠패트릭이 스타가 된 건 전적으로 본인의 노력 때문이다. 엄마 마가렛은 뉴욕에서 열린 행사에 딸과 함께 참여하고 난 뒤에야 자기 딸이 유명 스타라는 사실을 알게 됐다. 구름처럼 몰려든 소녀들이 울먹이며 알리의 이름을 외치는 광경을 목격한 마가렛은 "알리 때문에 저러는 거라고?"라며 놀라움을 금치 못했다.[18] 하지만 이런 해프닝은 드문 일이 아니다. 팔로어를 수십만 명에서 수백만 명 넘게 거느린 소셜 미디어 스타의 부모 중에는 기획자나 에이전트가 집으로 전화를 걸어 오기 전까지 자녀의 유명세를 전혀 눈치채지 못하는 사례도 종종 있다.[19] 가장 큰 위험에 처한 어린 인터넷 스타들은 크리스천이나 알리처럼 공들여서 자신의 모습을 만들어 내고 팬과 기획자들에게 크게 인정받은 게 아니라 자기 의도와 상관없이 또는 동의한 적이 없는데도 유명세를 얻은 어린이와 청소년들이다.

사이버 폭력의 증가

오늘날 사이버 폭력으로 알려진 행태가 맨 처음 등장한 사례는 스타워즈 키드Star Wars Kid라고 불린 한 소년의 영상이다.[20] 이 영상은 유튜브 시작 2년 전인 2002년 캐나다 퀘백주 트루아리비에르에 사는 15살 고등학생 기슬레인 라자Ghyslain Raza가 만들었다. 그에게는 당시 생소한 개념인 인터넷 밈이 되려는 의도 따위는 없었다.[21] 그저 재미 삼아 학교 영화 제작실에서 스타워즈 시리즈의 등장인물을 어설프게 흉내 내며 가짜 광선검을 휘두르는 자기 모습을 영상으로 찍었다. 그리고 그 영상을 녹화한 비디오테이프를 실수로 책상 위에 놓고 나왔는데 반 친구가 이를 발견하고, 몇 달 뒤인 2003년 초 또 다른 반 친구가 그 영상을 인터넷에 올렸다. 라자는 영상을 직접 올리지도 않았고, 영상이 입소문을 타고 퍼져 나가기를 바라지도 않았다. 당시만 해도 라자는 수십만 명이 자신의 영상을 보게 되리라고는 꿈에도 생각하지 못했다.

하지만 그의 영상은 온라인뿐만 아니라 오프라인에서도 상당한 관심을 불러일으켰고, 전통적인 언론 매체들까지 라자의 영상에서 이름을 딴 새로운 현상에 대해 보도하기 시작했다. 한 예로 2003년 5월 『뉴욕타임스』는 "영상을 처음 발견한 고등학생 친구들이 지난달 말 장난삼아 인터넷에 공개한 이래 이 영상은 백만 번 넘게 다운로드됐다. '리믹스' 버전도 몇 개 돌고 있는데, 특수효과를 더해 막대기가 진짜 광선검처럼 빛나고 동작에 맞춰 음악이 흐른다"면서 "황당하고 우스꽝스럽거나 사회 통념에 반하는 짧은 영상들이 인터넷에 올라오는 건 새롭지 않지만, 스타워즈 키드로 알려진 이 영상은 최근 그 어떤 영상보다 더 광범위하고 빠르게 확산하면서 큰 관심을 모으고 있다"고 보도했다.[22]

뜻하지 않게 세계 최초로 널리 확산된 인터넷 밈이 된 라자가 받은 충격은 실로 엄청났다. 영상이 인터넷에 떠돌기 시작하자마자 라자는 얼마 안 되는 친구들마저 잃었고, 학교에서 심하게 왕따를 당했다. 따돌림이 너무 심해서 라자는 학교를 중퇴하고 학년이 끝날 때까지 어린이 정신병동에 입원해야 했다.[23] 영상에 대한 반응이 부정적이기만 했던 것은 아니다. 라자에게는 팬도 생겼는데, 이들 중 일부는 감동을 받은 나머지 라자에게 아이팟과 아마존 상품권을 선물하려고 온라인 모금 행사를 펼치기도 했다. 하지만 이런 선물들이 라자에게 위로가 되지는 못했다.

2003년 7월 라자의 부모는 영상을 처음 인터넷에 올린 아이의 부모를 고소했다. 소송은 재판 없이 합의로 마무리됐지만, 라자의 부모가 법적 조치를 취한 뒤로도 (그때쯤에는 라자의 손을 완전히 떠난) 영상은 계속해서 인터넷에 떠돌았다. 스타워즈 키드 영상은 현재 유튜브에서 2,700만 회 이상의 조회 수를 기록하며, 《사우스 파크South Park》* 부터 《콜베어 르포Colbert Report》**까지 온갖 프로그램에서 패러디했다.[24] 다나 보이드는 저서에서 스타워즈 키드 영상이 "인터넷을 통한 광범위한 관심과 네트워크를 통한 배포가 어떻게 대대적인 공개 망신이라는 부작용을 낳는지" 보여 주는 전형적인 사례라고 평했다.[25]

오랜 세월 라자는 그 영상과 결별하고 자신의 정체성을 재정립하려고 애썼다. 2003년 맥길대학교에서 법학을 공부하던 라자는 마침내 자신이 겪은 일에 대해 공개적으로 입을 열었다. 증가하는 사이버 폭력 문제에 대처하는 일을 돕기 위해서였다. 프랑스 잡지 『시사 L'actualité』와 가진 인터뷰에서 라자는 영상이 공개된 직후와 그 이후의 시간들이 "무척 암울했다"고 말했다. 라자는 "죽어 버리라고 비아냥대는 사람들을 무시하려고 발버둥을 쳐 봤지만, 내 삶이 가치 없는 쓰레기처럼 느껴지는 건 어찌할 수 없었다"고 털어놓았다.[26] 아이러

---

* 미국에서 1997년부터 20년 넘게 방영 중인 TV 애니메이션 시트콤 시리즈.
** 해학적이고 통렬한 비평으로 유명한 인기 뉴스쇼.

니하게도 사이버 폭력 문제에 대해 발 벗고 나서서 발언한 이후로 그는 스타워즈 키드라는 굴레에서 벗어날 수 있다는 희망을 영원히 포기해야만 했다.

2003년에 불거진 스타워드 키드 사건 이후로 사진이나 영상이 의도치 않게 인터넷에 유포되는 문제는 갈수록 더 심각해지고 있다. 그중에서도 특히 사춘기 소녀들이 특정한 형태의 사이버 폭력의 희생양이 되고 있다. 2010년부터 현재에 이르기까지 어린 소녀나 젊은 여성의 몸을 찍은 낯 뜨거운 사진이나 영상이 인터넷에 유포되면서 당사자 여성이 스스로 목숨을 끊은 사건이 수십 차례 보도됐다.[27] 그중에는 전 남자친구가 보복을 목적으로 여성이 자신과 사귈 때 보냈던 성적인 사진을 인터넷에 올린 경우도 몇 건 있었다. 처음에는 이런 현상을 '리벤지 포르노'라고 불렀는데, '사진 학대'나 '사진 괴롭힘', '동의 없는 개인 사진 공유'라고 부르는 것이 더 정확하다. 전 세계적으로 보도된 또 다른 사건으로는 파티장 같은 곳에서 젊은 여성이 정신을 잃고 사진이 찍힌 뒤에 한 명 또는 여러 명에게 성폭행을 당한 경우도 있었다. 그리고 많은 소녀가 그처럼 수치스러운 경험에서 벗어날 수 있는 유일하고 확실한 탈출구로 자살을 택한 것으로 보인다. 레티예 파슨스Rehtaeh Parsons의 경우가 분명 그랬다.[28]

파슨스는 2011년 몇몇 친구들과 함께 누군가의 집에서 열리는 작은 파티에 가기로 했다. 그때만 해도 그녀는 인터넷에서 오명을 뒤집어쓸 생각이 전혀 없었다. 캐나다 노바스코샤주 핼리팩스Halifax에 살았던 15살의 파슨스는 파티 장소에서 구토를 할 만큼 독한 술을 마셨다가, 그날 저녁 한 무리의 십대 소년들에게 폭행을 당하고 말았다. 불행한 일이지만 여기까지의 이야기에는 특별한 구석이 없다. 미성년자가 술을 마시다가 성폭행을 당하는 일은 청소년들 사이에서는 제법 있는 일이기 때문이다.[29] 하지만 파슨스의 경우 그 사건은 그 이후 벌어진 훨씬 더 긴 시련의 시작일 뿐이었다.

사건이 발생하고 몇 주 뒤부터 파티 사진들이 인터넷에 올라오기 시작했다. 그중에는 한 청년이 하의가 벗겨진 파슨스를 강제로 범하고 있는 사진도 있었다. 결국 파슨스는 온라인 플랫폼 이곳저곳에서 또래들에게 '창녀'라고 손가락질 당하는 바람에 곧 사회적으로 고립됐고, 전학이나 상담으로도 억누를 길 없는 자살 충동에 휩싸였다. 설상가상으로 사진 속에 등장하는 남자들을 성폭행 혐의로 기소하기에는 증거가 불충분한 것으로 결론이 나 버렸다. 사건이 발생하고 2년이 채 지나지 않은 2013년 4월 4일, 파슨스는 스스로 목숨을 끊었다. 파슨스가 죽은 뒤 사건에 관련된 (당시 18세로 막 성년이 된) 두 청년은 아동 포르노 유포 혐의로 기소됐다.[30]

파슨스 이야기는 그 이후 또 한 번 충격적인 반전을 맞았다. 파슨스 사건이 발생하고 거의 3년 만인 2014년, 캐나다 법원은 언론과 일반 시민을 막론하고 누구라도 신문이나 TV, 라디오는 물론 소셜 미디어 플랫폼에서 파슨스의 이름을 언급하는 것을 일체 금지하는 판결을 내렸다. 모든 아동 포르노 관련 재판에서 정보의 공표를 금지하는 캐나다 형법에 부합하는 판결이었지만, 이로 인해 상황은 가혹하게 반전되고 말았다. 파슨스 사건이 재판에 회부됐을 때 그녀의 부모와 많은 지지자는 파슨스의 희생을 토대로 사이버 폭력을 강력하게 처벌하는 새로운 법안을 제정하려는 운동을 벌이고 있었다. 그런데

느닷없이 인터넷에서 파슨스의 이름을 언급하기만 해도 법률 위반이라는 것은 인터넷 유포의 희생양으로 목숨을 던진 젊은 여자를 두 번 죽이는 일이나 다름없었다. 이듬해 노바스코샤주 정부의 의뢰로 사건을 조사한 독립 조사기구의 보고서가 발간됐다. 보고서 작성자인 머리 시걸Murray D. Segal은 인터넷이 도입되기 전이었다면 이 사건은 완전히 다르게 전개됐을 것이라면서 "몇 년 전만 해도 청소년들이 범한 실수는 쉽게 잊힐 수 있었지만, 이제는 더 이상 그렇지 않다. 청소년들의 행동으로 초래되는 결과가 달라졌으므로 규칙도 달라져야만 한다"고 지적했다.[31]

개빈과 매튜, 크리스천과 라자, 파슨스의 이야기를 통해 인터넷에서 유명세를 탄 어린이와 청소년들을 쉽게 한 부류로 취급해서는 안 된다는 사실이 분명해졌다. 자신이 온라인 스타가 됐다는 사실을 어렴풋이 알고 있는 갓난아기와 유아부터, 스스로의 노력으로 소셜 미디어 스타가 된 청소년들, 사이버 폭력의 희생자들까지, 욕구도 권리도 다른 다양한 부류가 한데 뒤섞여 있다. 온라인 착취나 사이버 폭력의 잠재적 피해자를 보호하려다가 연예인이 되려고 발 벗고 나선 청소년들의 권리를 침해하는 일이 없도록 주의해야 한다. 청소년들이 자기를 표현하고 그 이미지들을 온라인에 쉽게 공유할 수 있게 됐다는 사실은 분명 기뻐할 만한 일이다. 어린이와 청소년의 자기표현은 문제될 게 없지만, 그렇게 만들어진 사진과 영상 중 일부가 무분별하게 지속적으로 유포된다면 문제가 될 수 있다. 역사적으로 청소년들이 부여받아 온 심리사회적 유예가 훼손당하는 때가 그렇다.

이쯤에서 라자의 이야기를 되짚어 볼 필요가 있다. 만약 라자가

2002년 영상을 만들고 난 뒤에 비디오테이프를 집으로 가지고 왔다면, 아마도 혼자 영상을 봤거나 가족 또는 친구들과 함께 봤을 것이다. 그리고 열여덟 살이나 스무 살쯤 됐을 때 그 영상을 우연히 다시 발견하고는 재미 삼아 다시 틀어 보거나 아니면 다른 사람들 눈에 띄지 않게 버렸을지 모른다. 그 영상이 디지털 영역에 발을 들이지만 않았더라면 영상을 찍기로 한 라자의 결정은 아무 문제도 일으키지 않았을 것이다. 하지만 불행하게도 라자는 미디어 제작과 유통의 새로운 시대가 열리던 시점에 그 영상을 찍었다.

미디어 제작 여건이 2002년 이후로 얼마나 달라졌는지 생각해 보라. 라자가 영상을 만들고 반 친구들이 이를 발견한 시기에는 영상을 새 포맷으로 변환한 뒤 인터넷에 올리고 그것을 공유할 방법까지 찾아내야 했다. 요즘에는 다양한 공유 플랫폼에 곧바로 게시 가능한 포맷으로 영상이 만들어지는 데다, 공유 역시 클릭 한 번이면 가능하다. 그러나 해상도가 높아진 것만 빼면 요즘 청소년들이 만든 영상의 제작 품질은 과거와 큰 차이가 없다. 바뀐 건, 빠르고 쉽게 영상을 공유할 수 있게 됐다는 것과 그 결과 지극히 일상적인 형태의 자기 표현물을 보는 잠재적 관중의 규모가 달라졌다는 것이다. 요컨대 한때 이미지 촬영, 편집, 배포를 갈라놓았던 공간과 시간의 벽이 사실상 사라졌다. 혼자서만 보거나 친구 몇 명하고만 보려고 찍은 사진이나 영상도 쉽게 수중에서 벗어나 오래도록 사라지지 않고 남을 수 있다. 간단히 말해 이제 누구라도 방송을 할 수 있게 된 것이다. 하지만 그 대가로 우리가 내준 것은 무엇일까?

그렇지 않아도 쑥스러움을 많이 타고 친구도 별로 없었던 라자는 영상이 유포되면서 더욱 심한 따돌림을 당했다. 단기적으로 그는 사생활, 즉 뭔가 엉뚱한 일을 벌이고도 툭툭 털어 버릴 수 있는 권리를 포기해야 했다. 장기적으로는 그 일을 잊는 것마저 불가능했다. 전학하고 이사를 해 봐도 어리숙했던 청소년기의 짧은 한순간에서 헤어날 수 없었다. 수치심이 독특한 것은 목격자가 있고 없고에 따라 좌우되는 감정이라는 점이다. 다른 사람이 주위에 있을 때 사람은 수치심을 느낀다.[32] 문제의 영상이 인터넷상에서 무한 반복되면서 라자는 청소년기에 느끼기 마련인 수치와 모욕감에 영원히 갇히고 말았다.

파슨스 같은 경우는 엉뚱한 영상 차원을 훨씬 넘어섰다. 다른 많은 어린 여성들처럼 파슨스는 자기도 모르는 사이에 아동 포르노의 피해자가 됐다. 전학까지 가면서 애를 써 봤지만 사진뿐 아니라 사진이 처음 올라온 소셜 네트워크까지 그녀를 따라왔다. 사진을 이용한 괴롭힘의 희생양이 된 어린 여성들은 보통 이사를 해도 얼마 지나지 않아 낯 뜨거운 사진이나 영상을 보내달라는 메일이나 문자를 받는다고 한다.[33] 이 어린 여성들 중 일부에게는 자살이 유일하고 확실한 탈출구처럼 느껴질 수도 있다. 그리고 결국 이들은 단기적으로는 사생활을 박탈당하고, 장기적으로는 목숨까지 내놓는 상황에 몰린다.

인터넷에서 오명을 뒤집어쓰게 된 어린이와 청소년이 처한 상황은 각기 다르지만 한 가지 공통점이 있다. 어린 시절에 일어난 사건들을 기록한 온라인 저장소가 있다는 것이다. 라자는 정체성이나 역할(스타워즈 영화의 등장인물의 정체성이나 역할)을 시험할 기회를 박탈당했을 뿐만 아니라, 나이가 들면서 문제의 사건을 억누르거나 견딜 만한 방식으로 '재해석'할 수 있는 능력까지 빼앗겼다. 인터넷에 떠도는 자신의 신체 사진과 영상에서 벗어날 길은 죽음뿐이라고 판단한 파슨스 같은 소녀들은 전부를 잃었다.

여성들은 성장하는 과정에서 드물지 않게 성폭력을 경험한다. (대학교 1학년 여학생의 17퍼센트가 물리적인 힘에 의해 또는 무력한 상태에서 성적 접촉을 경험한 적이 있다고 응답했다.)[34] 그러나 과거에는 어린 여성들의 피해가 널리 알려지지 않았다. 그리고 합의에 의한 것이든 아니든 청소년들의 섹스는 대개 침실이나 지하실, 야외 파티 장소를 벗어나지 않았다. 폴라로이드 카메라가 나오면서 성적 경험과 관련된 낯뜨거운 사진 중 일부를 슬쩍 돌려 볼 수 있게 됐지만, 이 이미지들은 세상에 단 하나뿐인 기록물로 인스타그램 이미지보다는 그림에 더 가깝다. 오늘날 부적절한 섹스나 청소년 강간은 더 이상 단일 사건이 아니라 끊임없이 반복되는 일련의 사건이 되고 있다. 폭력적인 행동은 몇 년이 지나도 피해자들의 마음속에서 되풀이되지만, 기억에 남는 것은 보통 사진 전체가 아니라 재구성된 사건이다. 프로이트는 이를 차폐(스크린) 기억이라고 불렀는데, 이 대목에서 중요한 의문이 생긴다. 스크린의 시대에 스크린 기억은 어떤 운명을 맞게 될까?

멀티스크린 시대의
차폐 기억

프로이트가 1899년 『차폐 기억 *Screen Memories*』(독일어 원문 제목 『Über Deckerinnerungen』)을 펴낼 당시만 해도 훗날 스크린이 어디에나 존재하게 되리라고는, 그리고 그 스크린들이 유년기와 청소년기의 경험을 형성하는 데 큰 영향을 미치리라고는 짐작조차 할 수 없었을 것이다. 프로이트가 당시 시각 매체들 중에서도 특히 사진을 자주 언급한 것을 고려하면 그가 『차폐 기억』을 쓸 때 스크린을 차단 장치와 투사면으로 여겼다고 생각하기 쉽지만, 그런 결론을 뒷받침할 만한 근거는 거의 없다.[35] 프로이트 저서의 표준 영역본에는 'Deckerinnerungen'이 '차폐 기억'으로 번역돼 있지만, 직역하면 '엄폐 기억' 또는 '은폐 기억'에 가깝다.

프로이트는 이 논문에서 서로 다른 형태의 차폐 기억 세 가지를 개괄적으로 소개했다. 첫 번째는 같은 시기에 일어난 다른 사건을 은폐하는 기억이다. 예를 들어, 누군가가 나뭇가지가 떨어지는 장면을 떠올렸다면, 실제로 그 일이 일어난 것은 맞지만 이는 (나무 수저로 머리를 세게 얻어맞은 것처럼) 같은 기간에 일어난 더 중요한 또 다른 사건을 밀어내고 대신 그 자리를 차지하고 있는 것이다. 두 번째 형태는 이후의 기억으로 유년기에 일어난 어떤 기억을 대체하는 것이다. 사람들은 네다섯 살 이전 시기를 거의 기억하지 못하기 때문에 흔히 이후 시기의 기억을 이 앞선 시기의 기억으로 바꿔 놓는다. 세 번째 형태는 프로이트가 '퇴행적 차폐 기억'이라고 가볍게 언급한 것으로, 앞선 기억이 이후 시기의 우려를 드러내는 양상을 보인다.[36] 이 세 종류의 차폐 기억은 유년기의 기억이 특히 쉽게 변형된다는 점을 시사한다. 프로이트에 따르면 이는 기록 충동보다는 자기 보호 충동과 더 관련이 깊다. 사람들은 유년기를 한 치 오차도 없이 정확하게 재현하기 위해서가 아니라 당시 경험을 완전히 이해하고 자기 것으로 흡수하기 위해 기억한다.

프로이트는 왜 우리가 유년기 초반을 거의 망각하고 나머지 유년기와 청소년기에 대한 기억도 상당 부분 왜곡하는지 제대로 설명하지 못했지만, 거짓 기억이 얼마나 만연해 있는지는 정확히 이해했다. 『차폐 기억』에서 프로이트는 사람들이 유년기를 회상할 때면 외부 관찰자처럼 스스로를 현장의 한가운데에 놓고 바라보는 경향이 있다면서 다음과 같이 주장했다. "그런 기억으로 원래 받았던 인상을 정확히 재현할 수 없음은 명백하다. 당시 당사자는 상황을 겪는 중이었으므로 자신이 아니라 외부 세계에 신경 쓰고 있었기 때문이다."

우리가 자기 시각에서 유년기를 기억하는 게 아니라 마치 외부에서 지켜본 것처럼 기억하는 것은 우리가 간직한 기억이 원래 받은 인상을 정확히 보존하기보다는 사실을 비슷하게 본떠 만들어졌다는 증거다. 유년기에 대한 기억의 흔적이 "구체적이고 시각적인 형태로 뒤바뀌는" 것처럼 보일 수도 있지만 "원래 받은 인상에 대한 어떤 재현도 당사자의 의식으로 들어오지 않았다"고 믿을 만한 이유가 있다. 이를 뒷받침하는 근거로 프로이트는 "중요한 경험에 관한 유년기의 기억 중 상당수가 서로 비슷한 수준의 특이성과 명확성을 띠지만, 개중에는 (예를 들어 성인의 기억 같은 것으로) 시험해 보면 조작된 것으로 드러나는 장면들이 있다"고 말했다. 그렇다고 그 기억들이 완전히 조작된 것은 아니다. "사건 장소를 실제로 일어나지 않은 장소로 바꾸거나, (…) 두 사람을 하나로 합치거나, 서로 바꾸거나, 서로 다른 경험을 합쳐 하나의 장면을 만든다는 점에서 조작됐다는 것이다." 이 같은 실수를 오류라고 볼 수도 있지만 프로이트는 뭔가 더 심오한 요인이 작용한다고 주장했다.

> 이미지들이 감각적으로 강렬하고 청소년들의 기억력이 뛰어나다는
> 점을 고려할 때, 기억의 부정확성은 크게 중요하지 않다. 면밀히 연
> 구해 보면 이 같은 기억의 조작에 특정한 목적이 있음을 알 수 있다.
> 즉, 기억의 조작은 불쾌하거나 마음에 들지 않는 인상들을 억압하고
> 대체하기 위한 목적으로 작동한다. 따라서 조작된 기억들은 원래 기
> 억하는 내용이 속한 시기가 아니라 그보다 한참 뒤에 갈등과 억압 충
> 동이 정신생활에서 자리를 잡은 뒤에야 싹튼 것이 틀림없다는 결론
> 에 도달한다.[37]

 프로이트는 이 조작된 기억을 다른 유년기 기억과 구분 짓다가도
『차폐 기억』의 한 대목에서는 모든 유년기 기억이 차폐 기억이라고
주장하기도 했다. "우리의 유년기 기억이 잊히기는 한 것인지 실로
의문을 가질 만하다. 유년기와 관련된 기억이 우리가 가진 전부일지
도 모르는데 말이다. 유년기는 우리의 어린 시절 그대로가 아니라 훗
날 기억이 환기될 때 드러나는 대로 기억된다. 유년기 기억은 사람들
이 흔히 말하듯 나타나는 것이 아니라 환기하는 시기에 만들어진다.
또한 역사적 정확성과는 무관하게 기억의 형성뿐 아니라 선택 자체
에도 많은 동기가 작용한다."[38]
 한 번도 명시적으로 언급하지는 않았지만, 프로이트의 논문을 통
해 차폐 기억이 아니었다면 거의 힘을 발휘하지 못했을, 어린 시절을
통제하게 되었음을 알게 되었다. (투표권이 없고 의료에 관한 결정조차

스스로 할 수 없다는 점에서) 아이들이 역사적으로 사회의 주변부에 머물러 왔을 뿐 아니라 최근까지도 자기 이미지를 기록하고 공유할 수 없었다는 사실을 고려하면 이 같은 견해는 대단히 중요하다. 아이들이 자신의 삶에 관한 이미지를 만들어 내고 편집하고 꾸미게 되기 훨씬 전부터 심리적 차원에서는 이미 그렇게 해 왔다는 주장처럼 들리기 때문이다.

어떤 면에서 차폐 기억은 아주 어릴 때부터 삶을 편집하고 통제할 수 있는 공간을 제공한다고 볼 수도 있다. 성인과 동등한 권리를 부여받지 못하는 세상에서 청소년들이 택할 수 있었던 길은 유년기와 청소년기에서 무엇을 기억하고 무엇을 망각할지 선택적으로 편집하는 것이었다. 프로이트 이후 차폐 기억에 대해 상세한 저술을 남긴 (몇 안 되는 정신분석학자 중 한 명인) 필리스 그린에이커Phyllis Greenacre는 차폐 기억이 "견딜 수 없는 공포로부터 마음이 놓일 만큼 무해하고 친숙한 대상으로 주의를 돌리는" 역할을 한다고 지적했다.[39]

하지만 차폐 기억의 개념은 정신분석학계와 심리학계로부터 날 선 비판을 받았다. 증거에 기초한 연구에 따르면 차폐 기억 분석이 의미 있는 임상 결과를 가져왔다고 밝혀진 적이 아직 없기 때문이다. (게다가 일부 진영에서는 억압과 차폐 기억의 존재 여부 자체에 의문을 제기하고 있기 때문에) 차폐 기억의 개념은 개업 정신분석 전문의들 사이에 지지 기반을 잃어 가고 있다. 2015년 발간된 프로이트의 개념에 관한 논문집에서 편집자들은 차폐 기억이 "오늘날 정신분석가들의 관심의 대상에서 거의 밀려난 상태"라고 지적했으며,[40] 그렇게 된 이유는 차폐 기억을 인식하는데도 약화되지 않기 때문일 수도 있다고 밝혔다.[41]

그러나 설사 차폐 기억을 분석해 트라우마를 치유하는 데 한계가 있더라도, 유년기 기억과 망각에 관한 프로이트의 초기 저작은 여전히 의미가 있다. 먼저, 프로이트는 우리의 유년기 기억이 거짓이거나 왜곡됐더라도 우리의 정신 건강에 위협이 되지 않으며, 우리의 정신 건강이 기억의 회복과 교정에 좌우되지도 않는다고 믿었던 듯하다. 그리고 그는 차폐 기억이 우리의 주의를 견딜 수 없는 공포로부터 마음이 놓일 만큼 무해하고 친숙한 대상으로 돌릴 수 있다고 봤다. 그 예로 프로이트는 자신의 환자들이 심각하고 비극적인 일을 겪는 동안 종종 유년기에 일어난 사소한 일들(장난감을 잃어버리거나 망가뜨린 것처럼)을 기억해 낸다는 사실을 알아냈다.[42] 그리고 일부 신경과학자들은 기억이 끊임없이 고쳐 써진다는 사실을 입증함으로써 이런 생각을 뒷받침했다.[43] 하지만 전자 스크린이 어디에나 존재하는 요즘 시대에는 차폐 기억 역시 망각처럼 원칙이 아닌 예외이지 않을까? 만약 그렇다면 우리는 성장 과정에서 자주 맞닥뜨리는 견딜 수 없는 공포나 조금 창피한 사건들을 무해하고 친숙한 기억의 조각들로 바꾸는 능력을 잃게 될까? 우리 인간은 청소년 시절에 언제나 허용돼 온, 작지만 중요한 힘이 깃든 '차폐 기억을 만들어 내는 능력'을 상실하게 될까? 이것이 결국 스스로를 표현하고 널리 알릴 수 있는 능력을 손에 넣게 된 대가로 치러야 할 값비싼 일일까?

차폐(스크린) 기억을 스크린과 맞바꾸는 과정에서 감수해야 할 위험 정도는 성인보다 어린이와 청소년이 훨씬 더 크고, 일부 청소년은 다른 청소년보다 훨씬 더 크다. 과거 아역 스타들처럼 자신의 삶이 과도하게 기록되는 오늘날의 어린이와 청소년 중 일부는 아무 탈

없이 견뎌 내겠지만 일부는 그렇지 못할 것이다. 두 살 때부터 인터넷 밈으로 회자된 개빈 같은 아이들의 미래는 유명세와 노출이 잠재적으로 초래할 부정적이고 착취적인 영향을 완화하기 위한 합리적인 노력을 기울이느냐 안 기울이느냐에 따라 좌우될 것이다.

사이버 폭력의 피해자들에게 그 결과는 훨씬 더 엄중하다. 예를 들어, 기스레인 라자의 경우 스크린보다는 차폐(스크린) 기억이 더 도움이 됐을 것이다. 라자는 15살 때의 당황스러웠던 경험을 결코 잊지 못할 것이다. 인터넷 검색창에 그의 이름을 넣으면 다양한 버전의 스타워즈 키드 영상이 검색된다. 라자는 순간의 엉뚱하고 치기 어린 행동을 차폐 기억으로 바꿀 기회를 결코 얻지 못했고 앞으로도 그럴 것이다. 15년이 지난 지금까지도 영상이 여전히 인터넷에 떠돌고 있는 상황에서 그 일을 실질적으로 은폐하거나, 이후의 기억으로 대체하거나, 성인이 돼서 얻은 경험에 근거해 새롭게 재구성할 수 있는 여지는 전혀 없다.

소셜 미디어가 막 등장하던 때인 데다 어떤 인터넷 밈보다도 온라인 매체와 전통 매체의 관심을 불러일으켰다는 점에서 라자의 상황이 독특하긴 하지만, 지금 성장기를 보내고 있는 어린이나 청소년은 누구라도 제2의 라자가 될 가능성이 있다. 다행히도 모든 청소년이 라자처럼 인터넷에서 괴롭힘을 당하는 것은 아니지만, 이들이 20대 중반이 됐을 때는 수치심과 모욕, 공포 등 성장 과정에 늘 따라붙는 감정들을 완화해 주었던 차폐 기억에 더는 기댈 수 없을지도 모른다. 우리는 견딜 수 없이 힘든 유년기의 기억을 '왜곡하고 은폐할 수 있도록' 타고난 듯하지만, 지금 우리의 삶과 초기 발달의 상당 부분은 스크린이란 공간에서 이루어지기 때문에 그런 보호 충동이 위협받는 상황이다.

4장
끝까지 따라붙는 꼬리표

대다수 사람들에게 (가족뿐만 아니라 자라난 공동체를 포함한) 고향을 떠나는 순간은 중요한 전환점이다. 탈출구가 필요하거나 스스로를 재창조해야 할 절실한 사유가 있는 것은 아니지만, 많은 이들이 그래야 할 필요를 느낀다. 어떤 이에게 고향을 떠나는 것은 전통과의 단절을 의미하고, 어떤 이에게는 폭력적인 환경에서 탈출하거나 속해 있던 사회 계층을 뛰어넘거나 커밍아웃을 하는 방편이 된다. 요컨대 사람들은 다양한 이유로 고향을 떠나는데, 때로는 생존 문제로 고향을 등지기도 한다. 그러나 더는 예전 같지가 않다. 실제로 망각의 종말이 초래한 가장 두드러진 결과는 한때는 당연하게 여겼던 고향을 떠나는 행위가 근본적으로 달라졌다는 데 있는지도 모른다.

소셜 미디어 네트워크의 확산으로 멀리 떨어진 지역에 관한 정보를 접할 기회가 늘면서 육체적으로 고향을 떠나는 일은 과거 그 어느 때보다 어렵지 않게 되었다. 청소년들은 삶을 탐구할 새로운 도구를 마음껏 사용할 수 있게 됐다. 지구 반대편에 있는 대학에 진학하고 싶으면, 예전에는 정보가 부족해서 뜻을 접었을 수도 있지만 이제는 인터넷으로 입학 가능한 학교와 장학금 정보를 찾아보고 입학 담당자와 채팅도 할 수도 있다. 1986년부터 2016년까지 미국 내 공립 대학에 다른 주 출신 학생들이 두 배 이상 증가한 것도 이 때문인지 모른다.[1]

하지만 원거리 대학 진학이 고향을 떠나려는 젊은이들의 유일한 선택지는 아니다. 크레이그리스트Craigslist*나 스페어룸SpareRoom** 같은 온라인 플랫폼을 이용하면 전국 또는 세계 도처에서 쉽게 친구를 사귀거나 룸메이트나 직장을 구할 수도 있다. 소도시나 변두리에서 벗어나고 싶은 젊은이라면 이제 더 이상 예전처럼 버스나 기차에 올라타서 유스호스텔 말고는 갈 곳 없는 낯선 도시에 내던져질 생각에 한숨부터 쉬지 않아도 된다. 21세기에는 탈출을 계획하고 원하는 목적지에 도착하기도 전에 새로운 삶과 사회 관계망을 구축할 수도 있다.

이런 상황에도 불구하고 과거와 완전히, 근본적으로 단절하는 일은 더 힘들어졌다. 망각의 퇴보가 집단마다 각기 다른 위험을 초래한 것처럼, 과거와 단절하기 어려워진 현 상황은 각 사람에게 근본적으로 다른 영향을 미치고 있다. 어떤 면에서 이제 우리는 모두 꼬리표(태그) 달린 사람이 됐다. 태그 때문에 어디 가든 쉽게 추적당하고

---

* 미국에서 시작돼 전 세계로 확산한 온라인 직거래 사이트.
** 영국의 부동산 직거래 사이트.

과거 모습은 언제든 쉽게 소환돼 공유된다. 고향을 떠나 과거에서 벗어나려는 사람은 이제 낯설고도 특이한 장애물과 직면해야 한다. 우선 다른 사람들 눈에 띄지 않아야 하고, 과거가 현재와 관련되는 것을 막아야 한다. 소셜 미디어 네트워크의 구조와 얼굴 인식 기술, 자동 태그 생성, 첨단 증강 현실 애플리케이션 등이 합쳐지면서 머지않아 고향을 떠나는 일은 아득한 추억이 될 수도 있다. 우리는 어쩌다가 여기까지 오게 됐을까?

우리가 어떻게 현 상황에 이르게 됐는지 이해하려면 역사적 사실을 살펴볼 필요가 있다. 첫 번째는 추적 장치의 역사인데, 한때 동물들에게 주로 사용된 추적 장치는 지난 세기 동안 발전을 거듭하면서 최근 들어 인간에게 수용된 과정을 거친다. 두 번째 역시 꼬리표 붙이기의 역사지만, 훨씬 더 최근에 생긴 사진 태그photo tagging의 역사다. 과거에서 벗어나는 게 갈수록 힘들어지고 있다면, 이는 이 두 가지 꼬리표 달기 역사가 하나로 합쳐졌기 때문이다. 하나는 하드웨어에, 또 다른 하나는 정보에 초점이 맞춰져 있다.

우리를 추적해 오는
소셜 네트워크

인류가 세상에서 존재한 대부분의 시간 동안 지리적 요소는 사회적 관계의 한계를 결정했다. 사회 관계망은 위치에 따라 규정됐고, 사람이 걷거나 노를 젓거나 돛단배를 타고 도달할 수 있는 거리만큼만 확장됐다. 또한 사회 관계망은 우리의 기억이 지속되는 동안에만 지속됐는데, 기억은 예나 지금이나 부정확하다. 글쓰기가 발명된 이래 새로운 매체들은 한때 기억이 졌던 짐을 일부 덜어 주었다. 손글씨로 쓴 편지나 전신, 전화 같은 이전 시대의 소셜 미디어 덕에 우리는 멀리 떨어져서도 그리고 시간이 흘러도 관계를 유지할 수 있었다.

많은 미디어 이론가들은 우리가 사용하는 미디어가 우리의 사회적 상호 작용과 관계에 지대한 영향을 미친다는 이론을 탐구해 왔다. 1986년 발간된 『장소감의 상실No Sense of Place』에서 조슈아 메이로위츠 Joshua Meyrowitz는 어빙 고프만Erving Goffman과 마셜 맥루한Marshall McLuhan의 이론에 기대면서 전자 매체가 "사회적 상호 작용에서 시간과 공간의 중요성을 바꿔 놓았다"고 지적했다. 메이로위츠는 닐 포스트먼이 그보다 몇 해 앞서 『사라진 어린이』에서 제기한 주장을 일부 수용해, 전자 매체가 물리적 경계의 붕괴와 연관이 있다고 보았다(당시 전자 매체라면 주로 라디오, TV, 전화를 의미했고, 간혹 가정용 컴퓨터 같은 신생 디지털 미디어를 지칭하기도 했다). 또 한때 성인에게 국한됐던 세계에 아이도 접근할 수 있게 되면서 물리적 경계의 붕괴를 방이나 벽이 없는 집에 비유했다. 그리고 물리적 경계가 붕괴하면서 사회적 행동과 관계도 변화하고 있다고 보았다. 예를 들어 모두가 얼굴을 맞대고 사는 세계에서는 (가족 결혼식 같은) 특별한 경우를 제외하면 (가족, 친구, 직장 동료 등) 서로 다른 관중을 동시에 상대해야 할 일이 거의 없다. 고프만과 마찬가지로 메이로위츠는 우리 모두 다양한 사회적 무대 위에 올라 다양한 배역을 소화하는 사회적 배우이며, 그중 어떤 배역은 완벽하게 수행하려면 몇 년의 시간이 필요하다고 지적했다.

전자 매체는 우리가 머무는 사회적 장을 새로운 방식으로 재배열함으로써 명확한 경계를 무너뜨리고 메이로위츠가 '결합 상황combined situations'이라고 칭한 새로운 장을 만들어 냈다. 예를 들어 우리는 전자 방식으로 중재된 사회적 상황에서 다양한 형태의 관중과 동시에 대면함으로써, 이런 상황에 대처할 수 있는 맥락과 사회적 신호를 놓칠 수도 있다. 메이로위츠는 "전자 매체의 결합 상황은 비교적 지속력이 있고 외면하기 힘들며, 따라서 사회적 행동에 훨씬 더 큰 영향을 미친다"고 주장했다. 그러나 메이로위츠는 뉴미디어의 내용보다는 뉴미디어가 우리의 '장소감'이나 장소감의 결여를 변화시키는 방식에 주목했다는 점에서 포스트먼과 달랐다. 메이로위츠는 전자 매체가 주로 그 내용을 통해서가 아니라 사회생활의 '상황 지형'을 변화시켜 우리에게 영향을 미친다고 보았다.[2]

여러 가지 면에서 메이로위츠의 예측은 정확했다. 그는 새롭게 떠오르는 디지털 미디어를 비롯한 뉴미디어가 (가정이나 대학 기숙사처럼) 한때는 명확하게 정의됐던 특정 유형의 사회적 공간의 경계를 무너뜨리면서 이제 사람들은 안정적이고 고정된 사회적 역할을 수행하기 어려워졌음을 간파했다. 메이로위츠가 1980년대 중반에 쉽게 예견할 수 없었던 것은 2000년대 초반에는 (가족 결혼식에서 일어나는 것 같은) 대면 상호작용 역시 전자 매체에 크게 영향을 받게 된다는 사실이었다. 어쨌든 이제는 결혼식은 물론 장례식에서도 참석자들이 온라인 소셜 환경에서 사귄 친구들과 대화를 나누느라 딴전 피우는 모습을 쉽사리 목격할 수 있다. 또한 그런 행사들은 점점 더 많이 기록되고 심지어는 인터넷으로 실시간 중계돼 실제 참석하지 못한 사람들까지 불러들인다. 뿐만 아니라 메이로위츠는 시간의 붕괴와 이로 인해 과거와 현재 사회 관계망 구분이 모호해지는 현상도 예견하지 못했다.

초창기 전자 문화에서는 전화와 라디오, TV처럼 다른 사람과 다른 공간에 접근할 수 있게 해 주는 기술 때문에 가정의 경계가 부분적으로 훼손됐다.[3] 21세기에 접어든 지금 우리는 가정의 벽이 해체됐다고 표현할 만한 지경에 이르렀을 뿐 아니라 (낡은 사진첩이나 홈 비디오 그리고 심지어는 곤란한 사정이나 달갑지 않은 기억 같은) 가정을 구성하는 여러 내용물이 다시 인터넷에 올려지고 무한 반복되는 세계에 살고 있다.

이전의 미디어 기술 역시 사회적 관계에 지대한 영향을 미쳤지만 사회 관계망을 단절할 정도로 위협하지는 않았다. 과거에는 편지에 답장을 하지 않거나, 전보를 무시하거나, 전화기 벨이 울려도 받지 않으면 그만이었다. 이사 후에 바뀐 주소를 알려주지 않거나, 달갑지 않은 전화를 피하기 위해 전화번호부에서 자기 번호를 아예 빼 버릴 수도 있었다. 아날로그 미디어 세상에서는 이렇듯 큰 힘 들이지 않고도 관계를 통제할 수 있었다. 주소와 전화번호가 인식표 역할을 했지만, 이 정보에 누가 접근할 수 있고 누가 접근할 수 없는지 그리고 현재 누구와 연락할 수 있는지 스스로 통제했다. 대부분은 우리가 선택한 만큼만 다른 사람들 눈에 띄었고 연락을 주고받을 수 있었으며, 과거와 현재의 거리를 자유롭게 떼어 놓을 수 있었다.

21세기 들어 이 모든 것이 바뀌었다. 어딘가로 멀리 떠나도 연락이 끊기지 않는 세상이다. 가족이나 친구들과 관계를 유지하려고 애를

쓰든 말든 상관없다. 새롭게 얻은 이 연결성은 여러 면에서 힘이 된다. 21세기 난민들과 2차 세계대전 중 유럽을 탈출한 수백만 명을 구분 짓는 근본적인 차이를 생각해 보라. 요즘 서구 언론에는 사람들로 꽉 찬 구명정과 구명 난 보트에서 기어 나와 북아프리카와 중동 국가에 남은 가족이나 친구에게 전화를 걸고 문자를 보내는 난민들의 모습이 심심찮게 보도된다. 2015년 이후로 이처럼 문자를 보내는 신세대 난민들의 사진을 어디서나 볼 수 있게 됐다. 유럽 곳곳에서 블로그나 트위터에 자신의 여정을 남기는 난민들의 모습 역시 이제는 흔하다. 1940~50년대 난민들은 물론 1980년대 난민들이 경험했던 것과는 완전히 다르게, 요즘 난민들은 남겨진 가족들과 계속 연락을 주고받으면서 아이폰의 '친구찾기Find My Friends' 같은 위치 추적 앱을 이용해 유럽 전역은 물론 전 세계에서 서로의 발자취를 좇는다. 그러나 이는 일부 난민들에게 예상치 못한 결과를 불러왔다. 난민 캠프와 교전 지역에 남은 사랑하는 이들이 줄기차게 보내오는 메시지와 사진, 영상의 세례 때문에 몸은 떠나와도 트라우마는 극복하기 더 힘들어졌다.[4] 이처럼 길을 떠났는데도 사회 관계망이 따라붙는 사례는 난민뿐만이 아니다.

대학 진학을 위해 고향을 떠나는 매우 일상적인 경우를 생각해 보라. 과거만 해도 고향을 떠나는 일은 간단했다. (몇 년 동안이나 손꼽아 기다리며 행여 그날이 오지 않을까 가슴 졸인 끝에) 드디어 어린 시절을 보낸 농촌 마을을 떠나게 됐을 때 나는 과거와 거의 완전히 단절했다. 대학교 1학년 때는 고등학교 친구 서너 명과 연락하며 지냈지만, 2학년에 올라갈 무렵에는 고교 친구나 고향 사람 모두와 거의 연락이 끊겼다. 대학 생활 첫해를 마친 뒤 나는 다른 학교에 편입하기로 결심했고, 다시 한번 완전한 단절을 경험했다. 4년 뒤 대학원에 입학 원서를 냈을 때, 고교 시절과 대학교 1학년 때 알게 된 사람의 전화번호나 주소는 하나도 남아 있지 않았다. 십대 후반부터 20대 초반까지 내 사회 관계망은 끊임없이 변화했다. 다양한 지역에서 다양한 삶의 방식과 정체성을 시험하는 동안 사람들이 왔다가 떠나갔다. 애정관계든 그렇지 않은 관계든 진지한 관계를 형성하더라도 툭툭 털고 일어설 수 있다는 사실은 해방감을 안겨 주었다. 과거, 그중에서도 특히 내가 성장한 농촌 마을과 급격하게 단절하면서 (고등학교 내 동성애자-양성애자 연대 동아리나 동성애자끼리의 결혼을 합법화하는 법률이 만들어지기 전 시대에) 내가 동성애자라는 사실을 훨씬 더 쉽게 밝힐 수 있었다.

오늘날 나와 성장 환경이 비슷한 누군가가 비슷한 상황에서 완전한 새 출발을 꿈꾸며 고향을 떠난다면 과거에 내가 맞닥뜨리지 않았던 장애물과 직면하게 될 것이다. 과거에는 연락을 유지하려면 적어도 약간의 노력이 필요했다. 예를 들어, 대학 진학을 위해 고향을 떠날 때 계속 연락하고 싶은 몇몇 친구와는 연락처를 주고받아야 했다. 하지만 요즘 대학생들은 훨씬 더 많은 관계를 간직한 채 캠퍼스에 첫발을 내딛는다. 이미 확립된 사회 관계망이 이들을 따라오기 때문이다. 이 관계망에는 보통 친한 친구들뿐 아니라 고등학교 때나 심지어 초·중학교 때 어렴풋이 알던 사이는 물론, 친척과 가족의 친구 그리고 그 과정에서 만난 수백 명의 사람들이 포함돼 있다. 오늘날 청소년들은 미래를 향한 여정을 이어 가면서 한편으로는 고향으로부터 이미지와 새로운 정보를 끊임없이 제공받는다. 이것이 나쁜 일만은 아닐 것이다. 일부 청소년들에게 소셜 미디어는 고향을 떠나 대학에 입학하는 것을 포함해서 삶의 변화를 관리하는 데 도움을 준다.[5] 하지만 이미 구축된 사회 관계망의 단절을 진정으로 원한다면, 일어나서 길을 나서는 것 말고도 훨씬 더 많은 노력을 해야 한다.

(육체적으로 그리고 사회적으로) 고향을 떠나려면 기존에 사용하던 소셜 미디어 계정을 해지하거나 적어도 과거에 친구 맺기를 한 사람들 중 일부를 차단해서 온라인에 구축된 사회 관계망을 반드시 '가지치기'해야 한다. 그러나 (고등학교 때 못되게 굴던 친구나 중요하지 않은 친구처럼) 몇 사람 정도 차단하는 것만으로는 충분치 않을 수도 있다. 관계망에 포함된 다른 사람들이 내가 가지치기한 사람과 계속 관계를 유지할 경우, 제거된 사람은 대리인으로 계속 남는다.

미디어 연구 입문 과정을 다년간 가르치면서 나는 학부생들에게 이 딜레마를 해결하는 방법에 대해 자주 질문했다. 상당수 학생들은 과거와 완전히 단절할 방법 따위는 없다고 생각하거나 아예 그럴 마음조차 없지만, 마음 먹고 이 일을 완수하기 위해 상당히 애쓰는 학생을 해마다 몇 명씩은 꼭 만났다. 이런 학생들에게는 대개 과거의 삶과 현재의 삶 사이에 꼭 거리를 두어야만 하는 이유가 있었다. 그중 일부는 동성애자이거나 트랜스젠더라는 사실을 스스로 밝혔는데, 그들의 고향에선 그런 성 정체성에 이제야 조금씩 관용을 베푸는 수준에 머물러 있었다. 또한 개중에는 농촌에서 예술가나 뮤지션 또는 작가로 새롭게 다시 태어나는 꿈을 안고 뉴욕에 온 학생이 있는가 하면, 태어날 때부터 계속 자신을 옥죄어 온 숙명에서 벗어나려고 발버

둥 치는 여학생도 있었다.

한 사람의 사례를 살펴보겠다. 뉴욕주 북부 소도시 출신의 영화 비평가 지망생 케빈은 자기 고향은 살인범이 많기로 유명한 곳이라고 냉소적으로 말하곤 했다(최고 보안시설을 갖춘 교도소가 있는 곳이다). 그는 자신의 옛 정보 주체를 완전히 '없애 버리고' 새 출발하려고 애쓰는 몇 안 되는 학생 중 하나였다. "2학년이 되자 제 페이스북 게시글이 정말 묘해지기 시작했어요. 뉴욕에 와서 새로 사귄 친구들은 동성애 지지 행위예술에 관한 글을 올리고, 고등학교 때부터 알고 지낸 녀석들은 자갈밭에서 오토바이 경주를 벌인 일을 올리는가 하면 고등학교 때 찍은 사진에 나를 태그하기도 했죠. 다 털어 버리고 앞으로 나아가야 했어요." 앞으로 나아가기 위해 케빈은 소셜 미디어 계정을 전부 해지하고 가명과 새 이메일 주소로 새 계정을 만드는 과격한 방법을 택했다.

그의 실험은 결과적으로 절반의 성공에 그쳤다. 새 계정과 새로운 신분을 만들었는데도, 그가 단절하려고 했던 사회 관계망 사람들이 계속 '친구 추천' 알림으로 떴다. 그리고 케빈은 충동적으로 그때까지 계속 연락을 하고 지내던 옛 친구를 다시 친구로 등록하는 실수를 범했다. 그 이후, 전에 알고 지내던 사람들로부터 '친구 요청'이 물밀듯이 밀려들었다. (이름을 바꾸고 사진 대신 캐릭터 아바타를 사용해서) 아무도 그의 정체를 모르는데도 단 한 번의 친구 맺기가 더 많은 연결을 제안하는 알고리즘의 작동을 불러온 것이다. 케빈은 갖은 노력에도 불구하고 과거의 사회 관계망과 완전히 결별할 수 없었고, 앞으로도 완전히 단절할 수 있으리라고 낙관할 수 없게 됐다. "엄마는 재미있는 사진들이 실린 고등학교 졸업앨범을 가지고 계세요. 몇 년마다 한 번씩 꺼내 보면서 웃음을 터뜨리고는 다시 지하실 상자에 넣어 두시죠. 저도 그럴 수 있으면 참 좋겠는데 그럴 수가 없네요." 케빈은 "고등학교 때부터 알고 지낸 친구가 인터넷에 올린 사진에 아직도 제 이름이 태그가 돼요. 옛날의 나에게 꼬리표가 달리는 거죠. 케빈은 사라지지도 않고 영원히 존재할 건가 봐요. 케빈을 받아들이고 케빈이 잊어버리려고 했던 사람들도 받아들이는 수밖에 없겠네요"라고 말했다.

케빈의 딜레마를 통해 21세기에 고향을 떠나려는 행위를 가로막는 두 가지 독특한 장애물을 볼 수 있다. 첫째, 소셜 미디어 플랫폼은 공간과 시간을 초월해서 우리를 따라다닌다. 한때는 주거지를 자주 옮기면 사회적 관계를 유지하기가 힘들었지만, 페이스북 같은 소셜 미디어 플랫폼이 확산되면서 지리적 거리는 더 이상 큰 위협이 되지 않는다. 둘째, 태그 달기 중에서도 특히 사진 자동 태깅은 과거가 현재로 소환되는 방식을 근본적으로 바꿔 놓고 있다.

꼬리표 달린 사람의
짧은 역사

케빈처럼 꼬리표 달린 사람이 되는 게 어떤 의미인지 이해하려면 꼬리표 달기의 역사를 간략히 살펴보는 게 좋겠다. 최근까지만 해도 꼬리표는 거의 전적으로 인간 이외의 동물에게만 사용된 물리적 행위였다.

일례로 새들에게 꼬리표를 붙인 역사를 살펴보자. 지난 수 세기 동안 북방 지역 사람들은 해마다 겨울이 되면 새들이 어디로 가는지 궁금했다. 더 따뜻한 곳으로 날아간 걸까 아니면 다른 종으로 탈바꿈한 걸까? 그것도 아니면 뱀이나 개구리처럼 동면에 들어간 걸까? 새들의 이주 패턴에 관한 미스터리는 아리스토텔레스와 호머, 대 플리니우스Plini the Elder* 등 많은 학자의 관심을 불러일으켰다. 『동물의 역사 History of Animals』에서 아리스토텔레스는 일부 조류가 이주를 하는 건 사실이지만 비둘기나 제비, 솔개 같은 종들은 굴을 파고 들어간다고 주장했다.[6]

20세기에 접어든 뒤로도 상당 기간 새들의 이주는 생물학자들을 당혹스럽게 만들었다. 19세기 초반 생물학자들은 새들의 이동 경로를 추적하기 위해 새들을 붙잡아서 한쪽 다리에 얇은 띠를 묶어 꼬리표를 달기 시작했다.[7] 하지만 그 새들을 다시 발견하는 비율이 매우 낮았기 때문에 이 방법으로는 그다지 많은 정보를 얻지 못했다. 20세기 중반이 돼서야 생물학자들은 마침내 원격 측정법을 이용한 더 나은 연구 방법을 찾아냈다. 원격 측정법은 19세기에 유선 기술로 시작돼 2차 세계대전 중에 무선 감시 장치로 발전했다. 전쟁이 끝난 뒤 원격 측정법은 전파를 이용해서 사물에 관한 정보를 전송하기에 이르렀고, 이어 멀리 떨어진 곳에 있는 생명체의 정보를 전송할 수 있는

---

* 로마의 정치인, 군인이자 박물학자.

수준까지 발전했다. 현재 위성항법장치GPS 기반 기술의 선구자 격인 원격 측정법을 통해 생물학자들은 원격으로 정보를 취득하고, 더 중요하게는 이동 중인 생명체를 추적할 수 있게 됐다.[8]

사람들은 새와 물고기는 물론이고 영장류들의 사생활을 전혀 몰랐기 때문에 사생활을 지켜 줄 필요도 없다고 생각했다. 그래서 인간 이외의 동물에게 꼬리표를 달아 이동을 추적하려는 시도에 대해 문제를 제기하는 사람은 거의 없었다. 20세기 중반부터 이런 시도를 통해 동물의 연중 이동 경로와 활동에 관한 정보가 쏟아져 나왔다. 이처럼 야생 동물에게 붙이는 꼬리표는 과학 지식 생산에 초점을 맞춘 것에 불과했다. 하지만 1990년대부터 꼬리표 달기는 새로운 형태를 띠고 지식 생산 욕구를 훨씬 넘어서는 동기들에 좌우되기 시작했다.

1990년대 중반부터 수의사들이 고양이나 개 같은 애완동물의 몸 안에 마이크로칩을 심는 일이 빈번해졌다. 피부 바로 아래 삽입된 이 작은 전자 칩에는 애완동물의 개체 식별 정보가 담겨 있다. 그전에도 (꼬리표나 문신 같은) 다른 방식으로 애완동물에 표식을 붙였지만, 마이크로칩 이식은 당시 가격이 15~45달러에 불과해 길 잃은 애완동물을 찾아내는 데 효과적인 방법으로 더 널리 받아들여졌다.[9] 그 결과 자녀나 배우자, 나이 많은 부모에게 마이크로칩을 이식하는 건 꿈에도 생각지 않았던 수십만 명의 책임감 강한 주인들이 고양이와 개들에게는 마이크로칩을 삽입하기 시작했다. 마이크로칩을 쓰더라도 이웃집 주변을 배회하는 고양이의 위치를 실시간으로 추적하는 것은 불가능했지만(이제는 애완동물 목걸이에 부착하는 방식의 저렴한 추적 장치를 비롯한 GPS 기반 기술 덕분에 가능해졌다), 고양이가 사라질 경우

되찾을 수 있다는 위안은 얻었다.

그러나 애완동물에게 마이크로칩을 이식하기 시작하면서 뭔가 다른 일이 일어났다. 많은 사람은 애완동물을 가족의 일원으로 여겼다. 생물학자들이 수십 년 동안 꼬리표를 달아 위치를 추적해 온 야생 매나 꿩, 수달이나 늑대와 달리 애완동물은 우리와 함께 살면서 부엌에서 밥을 먹거나 침실에서 함께 잠을 잤다. 따라서 애완동물에게 마이크로칩을 이식하는 일은 (아직 인간까지는 아니더라도) 무척 아끼는 생명체의 위치를 추적하는 일을 더 폭넓게 받아들이게 하는 신호탄이됐다.[10] 다시 말해 애완동물에게 칩을 이식하기 시작하면서 위치 추적은 (연구 목적으로 정보를 수집하는 데 초점을 맞춘) 전적인 정보 기반 행위에서 (사랑하는 애완동물의 위치를 파악하는 데 초점을 맞춘) 감정적인 행위로 변화했다. 2000년대 초가 되자 일부 사람들은 마이크로칩이식을 사랑하는 사람에게 적용해 보는 것도 나쁘지 않겠다고 생각하게 되었다.

2002년에는 플로리다 남부에 사는 한 가족이 팔에 마이크로칩을 이식하겠다고 나서 전 세계적으로 화제를 모았다. 14살인 아들 데릭이 이 일을 주도했는데, 그는 이식된 칩이 미래에 목숨을 구하는 안전장치가 될 수도 있다고 부모를 설득했다. 데릭의 가족은 나중에 CBS 뉴스와 인터뷰하면서 데릭의 아버지가 건강상의 문제가 많은데 위급 상황이 발생할 경우 응급 의료요원들이 바로 신원을 파악할 수 있게 돼 마음이 놓인다고 밝혔다.[11] 취지는 좋아 보였지만 스스로 칩을 이식하기로 한 데릭 가족의 결정은 당시 일부 의료윤리학자들의 문제 제기와 함께 미디어와 대중의 조롱거리가 됐다. 데릭 가족이 자신들의 결정을 공개한 직후 당시 《타임지》 기술 담당 수석 기자였던 언론인 겸 소설가 레브 그로스먼Lev Grossman은 「칩슨 가족을 소개합니다Meet the Chipsons」*라는 제목으로 비아냥조의 기사를 썼다. 또 사생활 전문가 리처드 스미스Richard Smith를 비롯한 다른 사람들은 칩을 이식 받기로 한 가족의 결정이 단순히 관심을 끌기 위한 쇼가 아니냐는 의구심을 드러내기도 했다.[12]

데릭 가족이 이식받은 베리칩VeriChip은 미국 식품의약국FDA의 승인을 받긴 했지만, 인간을 대상으로 한 마이크로칩 이식은 결코 널리 받아들여지지 않았다. 15년이 지난 지금도 인간에게 칩을 심는 행위는 물론 그런 생각 자체에 대중의 반응은 냉랭하기만 하다.[13] 이는 아마도 《로보캅Robocop》이나 『뉴로맨서Neromancer』 같은 공상과학 소설이나 영화 때문에 인간에게 칩을 이식하면 사생활과 개성, 주체성, 통제력을 잃게 된다는 생각이 강하기 때문일 수도 있다. 하지만 전 세계 많은 사람이 다른 방식으로 꼬리표가 달리고 추적당하는 것을 스스로 허용하고 있는 건 어떻게 설명해야 할까?

데릭 가족이 자발적으로 칩을 이식한 뒤 얼마 지나지 않아 이와 별 관련이 없는 기술이 발전하면서 인간에게 꼬리표를 부착하는 일은 훨씬 더 교묘한 방식으로 변화됐고 일반화됐다. 군사적인 환경에서 엄격한 규제하에 수십 년 동안 개발한 끝에 GPS 신호를 이용하는 기기의 비군사적 사용이 마침내 허용되었고, 민간인들도 서로 위치를

---

* 인기 애니메이션 시리즈 《심슨 가족The Simpsons》을 빗대 조롱한 표현.

추적할 기회를 얻게 된 것이다.[14] 휴대폰 제조업체들이 GPS 내장 스마트폰을 출시하면서, 부모들은 확실한 타깃으로 떠올랐다. 이 모델들은 비싼 데다, 부모가 원격으로 자녀 위치를 감시하려면 별도 요금을 내야 했다. 그런데도 이 기기들은 새로운 시장을 형성했는데, 그 이유는 두 가지였다. 오랫동안 자녀의 위치 파악을 꿈꿔 온 부모들과 어디를 가든 마음껏 휴대폰을 지니고 다니고 싶은 어린이와 청소년의 수요가 있었던 것이다.[15]

아이폰이 불티나게 팔리고 (자신의 위치 공유에 동의한 친구의 위치를 파악할 수 있게 해 주는) '친구 찾기' 류의 앱이 보급되면서 위치 추적 기능을 갖춘 휴대폰 가격은 크게 낮아졌고, 많은 이들이 사랑하는 사람의 위치를 밤낮으로 추적하기 시작했다. 전화기를 가지고 다니기에는 너무 어린 아이들을 위해서는 보통 시계 아니면 꽃이나 로봇 모양의 예쁜 부착형 액세서리로 위장한 GPS 기반 기기들이 출시됐다.[16] 이런 변화 때문에 인간에게 마이크로칩을 이식하려는 움직임이 주춤해진 것인지도 모른다.

사진 태그의 유래

21세기 초반 20년 사이에 인간에게 꼬리표가 따라붙은 것은 GPS 장착 기기 때문이 아니다. 우리 가운데 상당수가 사진에 자기 자신을 태그하고 다른 사람들도 태그한다. 과거와의 연결 고리를 끊고 앞으로 나아가려는 사람들을 가로막는 가장 큰 장애물은 결국 위치 추적 장치나 칩 이식이 아니고 '사진 태그'일지도 모른다.

2000년대 중반, 웹사이트 '딜리셔스Delicious'(처음부터 del.icio.us를 주소로 사용했다)의 설립자 조슈아 샤흐터Joshua Schachter는 메타데이터의 개념을 비전문가에게 설명하기 위해 꼬리표(태그) 비유를 도입했다. 얼마 지나지 않아 '태깅tagging'이라는 용어와 그 방식이 사진 공유 사이트 플리커Flicker에도 도입됐다.[17]

메타데이터Metadata는 다른 정보를 설명하는 상위 정보를 지칭하는 용어다. 아날로그 세계에서 메타데이터는 (도서관 사서 같은) 전문가들에게나 중요한 정보였다. 그렇다고 일반인들이 메타데이터를 전혀 사용하지 않은 건 아니다. 낡은 가족사진 뒷면에 사진 속 인물이 누구이고 언제 어디서 찍었는지 연필로 적어 둔 메모가 메타데이터의 한 예다. 물론 당신의 숙모가 별장 선창가에 앉아 사진 뒷면에 남긴 메모는 다른 사람은 볼 가능성이 거의 없는 메타데이터다.

2000년대 초반 디지털 정보가 지속적으로 확산하면서 (누구나 자기 글이나 사진, 영상을 올리게 해 주는 소셜 미디어 플랫폼들이 인기를 얻은 게 가장 큰 원인이었다) 메타데이터에 대한 새로운 접근법이 필요하다는 사실이 명백해졌다. 디지털 사진을 모으는 일은 간단하고 비용도 들지 않았지만, 내용을 기준으로 검색해서 이미지를 찾아내는기는 쉽지 않았다. 사람들이 개인적으로 소장하는 사진의 양이 과거보다 훨씬 빠른 속도로 증가하면서(더 이상 현상 비용이 걸림돌이 되지 않았기 때문이다), 검색 가능성은 점점 더 시급한 문제로 대두됐다.[18] 온라인에 올라오는 방대한 양의 콘텐츠를 관리하는 문제의 해법은 메타데이터 생성 도구를 사용자들에게 부여하는 일, 쉽게 말해 모든 사람을 색인 작성자로 만드는 것이었다. 누구나 디지털 인공물에 메타데이터를 추가하고 이 메타데이터를 다른 사람, 심지어는 전혀 모르는 사람들도 알아볼 수 있게 함으로써 좀 더 수월하고 체계적으로 정보를 정리할 수 있게 됐다. 그리고 곧이어 메타데이터보다 좀 너 이해하기 쉬운 태깅의 개념이 도입되었다. 초기의 메타데이터 프로젝트와 현재 미디어 공유 플랫폼에서 전개되는 상황 사이에는 근본적인 차이가 최소한 하나는 있다. 메타데이터는 역사적으로 (의회 도서관의 주제명 표목subject heading 같은) 확립된 정보 분류 체계에 의존해 왔다. 이에 반해 디지털 태깅은 정보 설계사 토머스 밴더 월Thomas Vander Wal이 2004년 '폭소노미folksonomy'*라는 말로 설명한 새로운 방식에 의존한다.[19]

겉보기에 폭소노미만큼 위협적이지도 않고 불길하지도 않은 말은 없다. 선의를 가진 사람들끼리 손잡고 온갖 정보로 차고 넘치는 세계를 자기만의 관점으로 이해해 나가는 광경이 떠오른다. 처음에 폭소노미는 이런 식으로 작동했다. 당연히 폭소노미는 자유롭게 어떤 원본 정보에 붙일 수 있는 키워드나 태그들로 구성된다. 플리커 같은 사이트에서 시도한 초기의 태그는 대개 자기 사진에 사람 이름이나 장소, 일어난 일 같은 기본 정보를 덧붙이는 정도에 그쳤다. 물론 폭소노미의 매력은 자기 사진에 대해 아는 사람만 아는 난해한 태그를

---

*   folk(people) + order + nomos(law)의 합성어로 '사람들에 의한 분류법'이라는 뜻. 정해진 틀에 의존하기보다는 자발적인 태그를 통해 구성원이 함께 정보를 체계화하는 방식을 지칭한다.

자유롭게 달 수 있다는 점이었고, 시간이 흐르자 많은 사람이 실제로 그런 태그를 달기 시작했다. 샤흐터는 "(태그를 통해) 얻는 정보는 언제나 다소 불완전하고 애매하다. 하지만 권위적인 조직이 정보 정리법을 지시하는 것보다 많은 사람이 '그럭저럭 괜찮은 수준의' 태그를 다는 것이 실제로 더 높은 가치를 창출할 수도 있다"고 인정했다.[20]

2000년대 중반, 사람들이 플리커 같은 미디어 공유 사이트에서 사진 태깅을 빠르게 받아들인 이유는 태깅이 쉽고 재미있을 뿐 아니라 대부분 사용자가 태깅을 전혀 해롭지 않게 생각했기 때문이다. 태그를 달면, 나중에 사진을 다시 찾아보거나 몇 달이나 몇 년 혹은 수십 년 뒤에라도 사진 속 인물을 금방 식별할 수 있다고 생각했기 때문이다. 디지털 사진 태깅은 (사진 뒷면에 메모를 적어 넣는 것처럼) 이미 익숙하고 널리 퍼진 행위의 연장선상에 있었지만, 그다음에는 이미지에 메타데이터를 추가하는 오랜 관행 그 이상의 일이 일어났다.

2000년대 중후반 플리커가 인기를 모았을 때도 사진 태깅은 사생활 침해나 망각에 대한 위협으로 느껴지지 않았다. 만약 당시 플리커 사용자들이 (친구와 가족사진에 태그를 다는) 자신의 자발적인 수고가 폭넓은 결과를 초래할 수도 있다는 사실을 알았다면 대부분 놀라움을 금치 못했을 것이다. 시간이 흐르고 나서야 우리는 플리커 사용자들이 부정확한 인간의 기억에 더 이상 의존하지 않고 지능형 시스템이 태그를 하는 세상으로 가는 데 디딤돌을 놓았다는 사실을 깨달았다. 어떤 사람들은 이런 사실을 이미 알고 있었다. 저널리스트 클레이 셔키Clay Shirky는 2005년 "분류 기준에 구애받지 않고 자유롭게 꼬리표를 다는 태깅 전략은 재앙을 부르는 지름길 같지만, 인터넷이 이미 입증해 보였듯 엉망으로 뒤섞인 엄청난 정보의 바다에서 놀랄 만큼 많은 가치를 끌어낼 수 있다"고 주장했다.[21] 셔키의 예견은 놀랍도록 정확한 것으로 드러났지만, 결국 태깅을 다음 단계로 발전시킨 것은 플리커가 아니었다.

2010년에 이미 페이스북은 플리커를 비롯한 모든 인터넷 기업을 뛰어넘어 세계 최대 규모의 디지털 사진 저장소가 됐다. 페이스북에서 태그를 다는 일은 플리커 같은 경쟁 사이트에서 쓰던 방식과 크게 다를 게 없었다. 하지만 사진에 매일 약 1억 건의 태그가 달리면서 페이스북은 자동 태깅을 최초로 시험할 수 있는 유리한 입지를 확보했다.[22] 소비자들이 낡은 폴더폰을 버리고 새 카메라폰을 구입하기 시작한 것도 이 무렵이다. 그 결과 사람들이 직접 찍어 인터넷에 올리는 사진 수가 급격하게 증가하기 시작했다. 시장 조사 기업 인포트렌즈InfoTrends에 따르면 2010년부터 2015년까지 전 세계적으로 촬영된 사진의 수는 연간 3,500억 장에서 1조 장으로 세 배 증가한 것으로 추정된다.[23] 사진 태깅과 스마트폰의 대중화가 맞물리면서 특히 자동 얼굴 인식 기능이 크게 발전했다.

페이스북의 자동 태깅은 처음에는 협업 형태였다. 즉 플랫폼은 단순히 사용자에게 태그를 제안하는 데 그쳤다. 당신이 이미 여러 사진에서 가장 친한 친구인 A를 태그했고, 페이스북의 얼굴 인식 시스템이 당신이 새로 등록한 사진에 있는 얼굴을 A로 인식하면 이전과 같은 태그를 달도록 추천하는 식이었다. 많은 페이스북 사용자는 추천 태그를 기꺼이 받아들였다. 단체 사진에 태그를 다느라 몇 분을 허비하는 대신 페이스북의 준지능형 로봇과 수고를 일부 나누게 된 것이다. 페이스북 기술자들이 자동 태깅 기능을 개량하는 책임을 일부 맡았지만, 페이스북 사용자들도 자기 의사와는 무관하게 그 책임을 함께 맡았다. 이렇게 해서 페이스북은 최대 규모의 디지털 사진 저장고를 보유한 것은 물론, 사용자들이 일찌감치 태깅에 열의를 가진 덕분에 세계에서 가장 큰 태그 달린 사진 저장고를 구축하게 됐다. 이 같은 결합은 나의 현재와 과거의 모습을 다른 사람에게 얼마나 드러낼지 스스로 조절하는 능력을 위협하는 안면 인식 기술을 개발하는 토대가 됐다.

사진 태깅이 언제부터 개인의 사생활을 위협하는 요인으로 인식되었는지 그 시기를 정확히 짚기는 힘들지만, 조기 경보 신호가 켜지기 시작한 때는 2011년이다. 그해 여름 독일의 한 정보 보호 관리자는 페이스북의 사진 자동 태깅 기능이 유럽의 개인정보 보호 관련 법률을 위배할 소지가 있다고 경고했다.[24] 같은 시기 미국 법원은 페이스북의 새 얼굴 인식 도구를 놓고 고심하기 시작했다. 2012년 페이스북은 자동 태깅 기능을 잠시 중단했지만, 같은 시기에 얼굴 인식 소프트웨어 개발을 도와 온 이스라엘 기업 페이스닷컴Face.com을 인수했다.[25] 이듬해 페이스북은 얼굴 인식 기능을 개선하는 작업을 진행했고, 2013년 초 모든 페이스북 사용자 중에서도 특히 미국 내 거주자는 새롭게 개선한 자동 태깅 실험에 자동으로 재등록됐다.

그때부터 페이스북과 구글을 비롯한 거대 기술 기업은 안면 인식 기능 개선 작업을 계속해 왔다.

더 이상 군중 속에
숨을 수 없다

얼굴 인식 기술이 점점 똑똑해지면서 일어난 두 가지 일이 있다. 먼저 군중 기반 얼굴 인식이 보편화됐다. 대규모 군중을 조사해서 사람들의 신원을 정확하게 파악하기 위해 특별 수사관에게 매달려야 하는 시절은 지났다. 최근 10년 사이 우리 얼굴 대부분이 태그가 됐기 때문에 군중 사진 속에서도 정확하게 특정 인물을 찾아낼 수 있는 가능성이 급격히 높아졌다. 이런 형태의 안면 인식은 언론의 상당한 주목을 받아 왔는데, 이제는 누구라도 자신이 찍힌 줄도 몰랐던 사진에 자동 태그 될 수 있기 때문이다.

예를 들어, 붐비는 길모퉁이에서 아버지가 아이 사진을 찍은 뒤 페이스북에 올리면, 누군지 알 수 없었던 배경 속 얼굴에도 태그가 달릴 수 있다. 이처럼 전혀 알지 못하는 낯선 사람의 개인적인 순간을 태그할 수도 있게 되면서, 모든 사람의 행방이 눈에 띄게 잘 드러나는 현상이 일어나고 있다.[26] 활동가들은 시위 현장에서 찍힌 사진에 자동 태그가 되는 곤란한 상황에 처할 수도 있다. (알고리즘을 혼란스럽게 만드는 의류나 심지어는 페이스페인팅 등으로) 안면 인식 기술을 피하려는 시도가 일부 있었지만, 시위에 참여했다가 신원이 노출될 가능성은 훨씬 높아졌다.[27] 특히 청소년들은 더 자주 시위에 나서는 데다 선두에 서는 경우가 많아 더 큰 위험을 맞을지도 모른다.

자동 안면 인식 기술은 (군중 속에서 인식되는 것 같은) 공간의 측면뿐만 아니라 시간과 역사라는 측면에서도 또 다른 영향을 미치고 있다. 초기에 판매된 얼굴 인식 소프트웨어는 사진에서 친구나 가족 구성원은 비교적 잘 찾아냈지만, 오래전 사진에서 같은 사람을 찾는 데는 실패했다. 스캔한 사진이거나 인터넷에 올린 사진에서는 성공률이 더 떨어졌다. 하지만 안면 인식 기술의 발전으로 오래된 사진도 태깅의 정확성이 점점 높아지면서,[28] 오래된 디지털 사진은 물론 (고교 졸업앨범처럼) 인화된 옛날 사진을 디지털로 변환한 사진에도 태그가 달릴 수 있다. 이는 많은 사람에게, 그중에서도 특히 가족사에 관심이 있는 사람들에게 분명 반가운 일이다. 하지만 앞서 소개한 케빈처럼 본의 아니게 태그가 달린 이들의 마음은 어떨까?

고향을 떠난 뒤 현재와 과거의 삶 사이에 완전한 단절까지는 아니라도 충분한 거리를 두려는 사람들에게 안면 인식 기술은 중대한 걸림돌이 되고 있다. 미래로 나아가려면 과거의 자신을 효과적으로 '관리'할 수 있어야 하는데, 이제는 20년 전 사진 속에 있는 자신에게 자동으로 태그가 달릴지도 모를 일이다. 이 일이 대수롭지 않게 들린다면 아날로그 시대에 비슷한 상황이 일어났다고 생각해 보라. 당신이 회사에 출근해서 평범한 하루를 보내고 있는데 택배가 도착했다. 동료들이 택배 상자를 열어 보니 그 안에는 당신의 고등학교 졸업앨범 다섯 권과 가족 사진첩 십여 권이 들어 있다. 별안간 직장 동료들이 당신이 중학생 때 바르미츠바bar mitzvah*에서 찍은 굴욕 사진들을 한 장씩 들춰 보거나 고등학교 과학반 회장일 때 하고 다니던 꽁지머리에

---

* 　13살 남자아이가 치르는 유태교 성인식.

대해 물어 온다면? 터무니없게 들릴지 몰라도 얼굴 인식 기술이 과거에까지 손을 뻗쳐 이미지를 인식하고 끄집어내면서 이런 끔찍한 가능성은 손에 닿을 듯 가까운 현실이 됐다. 1990년대 이전에 태어난 사람이라면 아날로그 사진 시대에 유년기를 보낸 덕에 (어린 시절 사진을 디지털로 변환하지만 않았다면) 과거와 현재가 하나로 합쳐지는 일은 거의 경험하지 않았을 것이다. 하지만 1990년대 이후 출생자들의 상황은 완전히 다르다. 이들의 삶은 처음부터 아날로그 미디어가 아닌 디지털 미디어로 기록됐을 가능성이 높기 때문이다.

소셜 미디어 시대에 고향을 떠나는 문제는 이중적인 성격을 띤다. 첫째, 지금 우리는 다른 장소로 옮겨 갈 때마다 우리의 사회 관계망도 따라올 가능성이 큰 시대에 살고 있다. 둘째, 안면 인식 기술을 통해 과거의 우리 모습이 현재의 사회 관계망으로 소환될 수 있다. 안면 인식 기술에 이윤이 걸린 소셜 미디어 기업을 포함해서 사진 자동 태깅을 옹호하는 쪽에서는 사용자들이 속수무책으로 당하지만은 않는다고 주장한다. 페이스북이 사용자들에게 수시로 알림을 주는 것처럼, 자기 사진에 자동으로 태그가 달리거나 다른 사용자들이 태그를 다는 것을 원치 않는 경우 설정을 변경해서 태그 된 사진이 뉴스 피드에 나타나지 않게 할 수 있다. 물론 다른 사람이 나를 태그하지 못하게 차단하거나 페이스북의 자동 태깅 기능을 완전히 끌 수는 없다. 인스타그램 역시 자의든 타의든 태그가 되는 것을 통제하는 책임을 사용자 본인에게 지우고 있다. 소셜 미디어 플랫폼을 조금이라도 써본 사람이라면 이런 규정들이 수시로 변경되기 때문에 내가 언제 어떤 방식으로 태그되는지 통제하는 게 무척 힘들고 때론 불가능하다고 느낀다. 그저 과거에서 벗어나기를 원하는 케빈 같은 이들은 자신의 과거 모습을 관리하고 예전 친구나 지인들과 거리를 유지하는 데 따르는 부담을 아직 해결되지 않은 숙제처럼 여긴다. 새로운 장소에서 새로운 정체성을 만들려고 애쓰는 청년에게는 방해 요인인 것이다.

잃을 것이 많은 사람들

20세기 공상 과학 소설가들은 뇌에 마이크로칩을 이식받은 인간들이 세계 곳곳을 주름잡는 디스토피아적인 미래를 그렸다. 그러나 실제로는 겉보기엔 전혀 해롭지 않고 흔해 빠진 사진첩이 우리의 잊는 능력과 잊히는 능력을 위협하게 될지도 모른다. 여기서 누가 승자가 될지는 자명하다. 기술 기업들 중에서도 특히 대규모 정보 저장고를 구축한 페이스북이나 구글 같은 기업들이다.[29] 그러면 패자는 누구일까?

현재 진행되고 있는 이 같은 기술이 발전했을 때 잃을 게 가장 많은 사람이다. 즉, 자기 자신을 최소한 어느 정도라도 과거와 떼어 놓아야 얻을 게 많은 사람이다. 과거와 깊은 관계를 유지해야 하는 사람도 많지만, 과거에서 벗어나는 것이 득이 되는 사람도 있다. 동성애자 청소년들이 그렇다. 가난한 집안에서 성장한 경우에도 스스로를 '재창조'해야 할 필요성을 느낄 수 있다. 친구나 가족들과 완전히 인연을 끊을 필요는 없더라도, 사회적 이동을 위해 과거를 전략적으로 격리시켜야 할 수도 있다. 따라서 사진뿐만 아니라 물건들까지 수많은 정보와 다양한 태그로 이어지는 정보의 바다에 들어설 때[30] 가장 비싼 대가를 치를 수 있는 사람은 새로운 장소와 시간으로 달아나서 스스로를 재창조할 때 가상 많은 걸 얻을 수 있다.

물론 태깅과 얼굴 인식이 전적으로 해롭다는 뜻은 아니다. 과거 다른 기술의 사례에서 알 수 있듯 사용자들이 창조적이고 창의적으로, 그리고 종종 정치적 동기를 가지고 기술을 바꿀 수 있음을 과소평가해서는 안 된다. 그러나 역사는 뉴미디어 기술과의 만남이 종종 개인의 정체성과 물리적 위치에 의해 이루어진다는 사실도 보여 준다.[31] 고향이 낭만적인 공간이었던 적이 단 한 번도 없는 사람들, 과거와 작별을 고하고 현재와 과거 사이에 거리를 두는 데 생존이 걸린 사람들이 이런 상황에서 최종 패배자가 될 가능성이 높아 보인다.

5장

디지털 시대, 사라질 권리를 찾아서

사라지는 게 쉬웠던 적은 단 한 번도 없었다. 인쇄물 시대에도 마찬가지였다. 다니엘 콜로베르Danielle Collobert의 이야기를 예로 들어 보자. 프랑스의 실험주의적 작가 콜로베르는 1961년 첫 저서를 출간한 뒤에 이를 후회한 나머지 시중에 풀린 책을 전부 회수하려고 했다. 많은 작가들이 그러했듯 콜로베르도 자신의 첫 책을 기억 속에서 지워버리고 싶었던 것이다. 하지만 그러기 위해서는 다른 사람들도 그의 책을 잊어버려야 했다.[1] 결국 개인의 망각 능력은 머릿속에서 지워버리고 싶은 바로 그 기억을 타인도 다시는 일깨우지 않겠다고 기꺼이 마음먹을 때 발휘된다. 콜로베르는 자기 손으로 삭제할 수 있다고 생각했고 결국 뜻을 이뤘다.

이제 콜로베르가 1940년이 아닌 1990년대 후반에 태어나서 온라인 출판(또는 독립 출판)으로 책을 내기 시작했다고 가정해 보자. 그녀는 아마도 젊은 시절의 습작을 비롯한 초기작들을 훨씬 더 많이 세상에 내놓을 수 있겠지만, 이를 다시 회수하는 일은 과거와는 완전히 다른 일이 될 것이다. 첫 저서를 고작 300권이나 많아야 3,000권 정도 발간했던 과거의 작가들과 달리, 자작시를 인스타그램에 올리는 오늘날의 작가 지망생은 자신의 작품이 어디까지 흘러갔는지 전혀 알지 못할 수도 있다. 사실은 콜로베르가 첫 저서를 전부 파기하지 못했으니까(콜로베르 사후 책이 재발간된 것을 보면 최소한 한 권은 없어지지 않고 남아 있었다)[2] 누군가는 그때부터 현재에 이르기까지 변한 건 별로 없다고 주장할지도 모르겠다. 하지만 최소한 한 가지는 변했는데, 그것은 바로(우리가 한때는 당연하게 여겼던) 책이 얼마나 많이 배포됐는지 알 수 있다는 것과 풀린 책을 회수할 엄두라도 낼 수 있다는 사실이다.

물론 사람들이 지워 버리고 싶어 하는 것은 첫 저서뿐만이 아니다. 내 책의 주제에 대해 나와 대화를 나누었던 동료 한 사람은 디지털 삭제가 왜 바람직한지 정확히 이해한다고 고백했다. 알고 보니 그는 스스로 '포르노 배우 시기'라고 말하는 시간을 겪었다. 당시 그는 젊은 남성 동성애자로 힘겹게 생계를 이어 가고 있었는데, 포르노 영화에 출연하면서 학업을 중단하지 않고도 쉽고 빠르게 돈을 벌 수 있었다. 몇 해 뒤 그는 전공 분야 국제회의가 열린 호텔의 로비를 지나다가 한 중년 남자를 만났다. 그 남자는 언젠가 대학원 세미나나 회의 같은 데서 그를 만난 적이 있는 것 같다고 했다. 그러더니 뭔가 알아채고는 "아, 당신 스케이트보드 타는 남자였군요!"라고 소리쳤다. 내 동료가 동성애자라는 사실을 원치 않게 '폭로' 당한 건 이때가 처음은 아니었다. 그는 어린 시절 스케이트보드를 든 모습으로 게이 포르노계에서 인기를 얻었고, 10년이 훨씬 지난 지금도 자신이 게이 포르노계에 기여한 영상들이 인터넷에 떠돌며 많은 시청자를 끌어모으고 있다고 털어놓았다.

다행히도 내 동료는 과거의 힘겨웠던 노력들을 현재의 삶에 비교적 쉽게 아우른 편이다(결국 그는 뉴욕에 있는 진보 성향의 대학에서 퀴어 이론을 가르치는 교수가 됐다). 그가 (정치인이나 경찰, 초등학교 교사 등) 다른 분야의 직업을 선택했더라면 전력은 훨씬 더 큰 문제가 됐을 것이다. 그랬더라면 아마도 그는 자신의 과거를 잊고 타인도 잊어 주기를 간절히 원했을지도 모른다. 하지만 설사 내 동료가 '포르노 배우 시기'를 진짜로 지워 버리고 싶었다고 해도 그 뜻을 이룰 수 있었을까?

지워 버리고 싶은 과거 인터넷 게시물이 시가 됐든 아니면 포르노물이 됐든 디지털 세계에서는 정보 삭제 절차가 간단치 않기 때문에 스스로 잊거나 타인에게 잊히기가 결코 쉽지 않다.

지금 당장이든 미래의 언젠가가 됐든 디지털 소멸을 달성할 가능성이 높지 않은 진짜 이유는 단지 우리가 디지털 발자국과 디지털 그림자가 존재하는 곳에 살고 있기 때문만은 아니다. 개인의 소멸 욕구가 기술적·경제적 의제와 충돌하는 측면도 있다. 표면적으로만 보면 시인 지망생의 습작이나 젊은 학자의 포르노 출연 작품을 영구 삭제한다고 해도 기술의 미래에는 어떤 영향도 주지 않을 것 같다. 마찬가지로 시인 지망생의 작품은 물론이고 포르노 영화가 수익을 창출할 가능성 역시 거의 없어 보인다. 하지만 이 작은 정보 조각들은 각기 더 많은 정보를 만들어 내기 때문에 상당한 가치가 있다. 이 정보들은 21세기 기술과 경제를 함께 이끄는 원동력이다. 모든 인간의 기본 자질이었던 망각이 지금은 기술 기업은 물론, 더 넓게는 정보를 이용해서 제품이나 서비스를 최적화하려는 모든 기업의 이해관계와 맞부딪치고 있다는 뜻이다. 진정한 싸움은 더 이상 망각과 기억의 대결이 아니라, 망각과 정보 가치 사이의 대결이다. 한때는 내재 가치라고는 전혀 없었던 정보들도 여기 포함된다. 어린이와 청소년은 성인들과는 다른 측면에서 이 같은 변화에 따른 영향을 받고 있다.

디지털 공간, 디지털 시간과 심리사회적 유예

정신 분석학자 에릭 에릭슨은 청소년기는 물론 청년기까지도 치열한 개인적 탐구의 시간이 이어지므로 청소년들에게 어느 정도는 숨 돌릴 틈을 주어야 한다고 믿었다. 2장에서 살펴본 것처럼 에릭슨은 대부분의 문화에서 역사적으로 청소년들에게 심리사회적으로 유예의 시기를 허용해 왔으며, 이 시기에 청소년들은 경험에 따르는 여러 결과로부터 책임을 면제받았다고 지적했다. 소셜 미디어 플랫폼이 확산하면서 유년기와 청소년기가 전례 없는 규모로 기록되기 전까지만 해도 더 많은 청소년들이 시험 삼아 뭔가를 해 보고, 일을 그르쳐도 보고, 그러면서도 결과에 대한 책임은 거의 추궁받지 않고 앞으로 나아갈 수 있었다(이런 자유를 누릴 수 있는지 없는지는 늘 인종과 계층, 성별 같은 요소로 좌우됐다). 앞서 설명한 대로 디지털 미디어는 이 같은 심리사회적 유예라는 특권을 크게 약화시켰다. 일련의 정보 삭제 절차를 두면 이를 복원할 수 있을까? 그런 절차를 법적으로 제도화하려는 시도가 일부 있었지만, 관행들이 이런 시도들을 끊임없이 훼손하고 있다.

많은 사람이 어린이와 청소년들은 세상의 눈초리를 받지 않고 실수를 저지를 수 있어야 한다고 확신한다. 실제로 많은 나라가(미국은 아니지만) 소년범의 이름을 언론에 공개하는 것을 금한다.[3] 미성년자는 어린 시절의 판단 착오에 발목 잡히지 않고 성년기로 나아가야 한다는 논리다. 이는 청소년에게는 결과에 대한 책임에 일종의 유예를 허용해야 한다는 암묵적인 사회적 합의를 반영한 것이다. 현재 정보 삭제와 관련해서 청소년들에게 특권을 부여하는 법률 제정을 지지하는 여론이 높아지고 있지만, 이런 목소리를 가로막는 걸림돌도 만만치 않다.[4]

유럽연합EU이 도입한 개인정보 삭제 법안의 문제점 중 하나는 공인과 개인 시민을 구분해야 한다는 것이다. 유럽연합의 일반개인정보보호법 17조는 개인정보 관리자가 정보 삭제 요청에 대해 승인 여부를 결정할 때 당사자인 개인의 잊힐 권리와 해당 정보의 '공익'을 함께 고려해 판단하도록 규정하고 있다.[5] 이는 일면 매우 타당해 보인다. 만약 당신이 옆집 난교 파티에 참석한 누군가가 파티 사진을 인터넷에 올린 것을 알고 그 사진들을 삭제해 달라고 요구한다면 이는 정당한 일이다. 이웃이 여가 시간을 어떻게 보내는지 당신이 알아야 할 이유가 전혀 없기 때문이다. 그런데 만약 옆집 이웃이 시장이고 공무원들을 난교 파티에 초대했다면, 그 사진은 시장의 판단력 부족이나 권한 남용에 대해 시사하는 바가 있을 수 있으므로 매우 중요한 정보가 된다. 그러나 여기서 두 가지 중요한 의문이 생긴다. 디지털 세계에서 공인과 개인 시민을 어떻게 구분할 수 있을까? 그리고 유명인이 된 어린이와 청소년들은 어떻게 판단해야 할까?

소셜 미디어 사이트들이 급증하면서 누가 공적 인물인지 아닌지 판단하는 일이 점점 더 힘들어지고 있다. 소셜 미디어 자체에 개인을 공인으로 바꿀 수 있는 힘이, 그것도 놀랍도록 빠른 속도로 바꿀 수 있는 힘이 있기 때문이다. 영상이 인터넷에 올라간 뒤 거의 하룻밤 사이에 스타워즈 키드가 되어 버린 기슬레인 라자가 그런 경우다. 만약 라자가 캐나다 퀘벡이 아닌 프랑스에서 태어났더라면, 그리고 성인이 될 때까지 프랑스에 살았더라면 지금쯤 그는 자기 이름이 언급된 모든 스타워즈 키드 게시물을 삭제해 달라고 요구할 수 있을까? '팬들'이 만든 다양한 리메이크를 포함해서 모든 형태의 스타워즈 키드 영상을 모든 구글 사이트에서 삭제해 달라고 할 수 있을까? 아니면 본의 아니게 얻게 된 유명세 때문에 그럴 엄두조차 내지 못할까?

대규모로 확산된 인터넷 밈의 최초 사례로 꼽힌다는 점 등 이런저런 이유를 들어 스타워즈 키드 이야기가 공익의 성격을 띤다고 주장하는 사람도 분명 있을 것이다. 인터넷에 남은 라자 이야기의 흔적은 그 자체로 인터넷 역사의 중요한 일부이므로 삭제해서는 안 된다고 말하는 사람도 있을 수 있다. 사실 라자 이야기를 이 책 곳곳에서 언급한 것 자체가 그 같은 논리를 뒷받침하는 것처럼 비칠 수 있다. 이쯤에서 또 다른 질문을 던지지 않을 수 없다. 청소년 시절에 의도적으로 인터넷상에서 인기를 얻은 사람이 성인이 된 후에 라자와 비슷한 요구를 하면 어떻게 해야 할까? 온라인에서 크리스천 리브라는 이름으로 알려진 크리스천 애크리지는 인터넷에서 명성을 얻고 팬을 확보하기 위해 상당히 많이 노력했다. 그는 소셜 미디어상의 인기로 손해를 본 피해자가 아니라, 금전적으로나 다른 측면으로나 이익을 본 수혜자다. 그가 앞으로 5년이나 15년쯤 뒤에 청소년 시절 유명세를 탄 경험을 후회하게 된다면, 그가 어린 시절 온라인에서 벌인 활동의 흔적들을 소급해서 삭제하는 걸 허용해야 할까?

이런 가정들은 개인정보 삭제 법률의 혜택을 받아야 하는 사람과 그렇지 않은 사람을 판단하는 데 있어 공인과 개인 시민을 나누는 건 딱히 유용한 기준이 아닐 수도 있다는 사실을 보여 준다. 우선 소셜 미디어 플랫폼으로 인해 누가 공적 인물인지 판단하기가 힘들어졌다. (나이와는 무관하게) 애크리지를 비롯한 수많은 소셜 미디어 스타들의 사례에서 알 수 있듯, 이제는 대리인 없이도 그리고 심지어는 집 밖으로 나서지 않고도 유명인사가 될 수 있다. 침실 같은 사적인 공간에서도 대중의 인기를 얻을 수 있게 된 것이다. (리얼리티 TV 프로그램 같은) 일부 과거 미디어들도 공과 사의 경계선을 무너뜨리긴 했지만, 소셜 미디어는 훨씬 더 철저하게 이를 허물면서 청소년들에게 폭넓은 영향을 끼치고 있다.[6]

이와 마찬가지로 인터넷 환경은 대중 속에 있는 경험과 대중 앞에 서는 경험을 상당 부분 하나로 만들어 버렸다. 다나 보이드는 "대중 속에 있는 것과 대중 앞에 서는 것은 큰 차이가 있다"면서 "십대들은 다른 사람들과 어울리고 싶어 공개된 장소에 모이면서도 입 밖에 낸 모든 말이 널리 알려지길 원하지 않는다. 하지만 (공원에서 친구들을 만나는 것과 달리) 네트워크로 연결된 대중 속에 있으면 보통 상호작용이 더 잘 드러나며 (…) 소셜 미디어에 참여하는 것만으로도 둘 사이의 역학 관계를 흐리게 할 수 있다"고 지적했다.[7] 개인 시민과 공인 사이의 경계선이 모호해지는 문제는 성인들에게도 영향을 미치지만, 어린이와 청소년들에게는 더 심각한 영향을 미친다.

디지털 세계에서는 청소년들이 공인이 될 가능성이 높기 때문에 청소년들의 행동이 곧 공익 문제가 될 가능성 역시 크다. 역사상 처음으로 청소년들은 자신의 삶을 담은 표현물을 생산하고 유포할 수 있는 기술에 접근하게 됐다. 하지만 그들의 사회적·경제적 지위는 변하지 않았다. 18세 미만 어린이와 청소년은 여전히 투표권이 없고, 교육과 의료에 대한 결정을 스스로 내릴 수 없을 뿐만 아니라 귀가 시간을 비롯해 여러 가지 물리적 제약을 받는다. 그들은 자신의 삶을 기록하고 이를 널리 알릴 수 있는 도구에 전례 없이 자유롭게 접근할 수 있지만, 그들의 삶은 여전히 사적 공간과 학교처럼 허가된 제도적 환경에 상당히 국한돼 있다. 그들의 삶이 대중에게 큰 주목을 받는다 해도, 성인에게 부여된 기본권과 자유를 똑같이 누릴 수는 없다.[8]

청소년들이 남긴 디지털 발자국을 성인의 것보다 더 쉽게 지울 수 있게 해 줘야 한다는 합의가 사회적으로 이루어지고, 공인과 개인 시민을 쉽게 구별할 수 있게 되더라도, 소셜 미디어의 속도 때문에 그 같은 노력은 좌초될 가능성이 높다. 이 대목에서 레티예 파슨스 사건을 되짚어 볼 필요가 있다.

파티에서 찍힌 사진이 인터넷에 올라온 뒤 파슨스의 삶은 무너져

내렸다. 경찰 수사가 제대로 이뤄지지 않은 것도 그녀의 자살에 결정적인 영향을 미쳤지만, 사진이 인터넷에서 퍼지는 속도가 가장 큰 문제였다. 문제의 사진이 디지털 이미지가 아니라 폴라로이드 사진이었다면 그렇게 널리, 그리고 빨리 퍼져 나가지 않았을 것이다. 이 사건에서 우리는 소셜 미디어의 전파 속도가 어떻게 청소년들의 책임 유예에 불리하게 작용하는지를 명백하게 알 수 있다. 에릭 에릭슨이 생각한 유예는 현재의 사건들이 전부 잊혀져 미래에까지 이어지지 않는 것이다.

이처럼 아날로그 미디어에 비해 디지털 미디어는 실수를 용납하지 않을 뿐더러 '잊지도 않는다.' 아날로그 미디어는 생산 시점과 배포 시점 사이에 항상 시차가 존재하지만, 디지털 미디어는 보통 생산과 배포가 거의 동시에 이루어진다. 청소년들은 이제 더 이상 기억할 목적으로 자신의 사회적 삶을 기록하는 게 아니다. 단지 기록 플랫폼을 통해 세상살이를 경험할 뿐이다. 인터넷으로 사회적 상호작용과 기록물이 하나로 통합되면서 청소년들에게 새로운 위험 요인이 되고 있다. 공원이나 자동차 뒷좌석, 교외의 오락실과는 달리 인터넷에서 청소년들이 벌인 일들은 이미 공적인 기록의 일부가 되고 있다. 설사 우리가 이를 모르는 척 눈감아 주기로 합의했다고 해도, 실제로 그렇게 할 수 있는 조건들은 심각하게 훼손됐다. 디지털 공간과 디지털 시간 모두 청소년들에게 심리사회적으로 방햇거리가 되고 있다.

이것 말고도 간과해서는 안 될 요인이 하나 더 있다. 기술 주도 경제에서는 청소년의 잊을 권리와 잊힐 권리를 보호해서는 얻을 수 있는 게 거의 없다는 사실이다. 어린이와 청소년이 전 세계 인터넷 사용자의 약 3분의 1이라는 사실을 감안하면, 이들이 자발적으로 정보를 생산하고 정보 생산 활동을 지속적으로 이어 간다는 것은 경제적으로 대단히 중요한 문제다.[9] 때문에 어린이와 청소년에게 일종의 디지털 소멸의 기회를 부여하려는 현재의 노력들은 잊고 잊히려는 욕구가 구체적으로 포착되고 상품화되는 범위 내에서만 성공을 거둘 수 있을지도 모른다.

플랫폼 사용 대가로
지불하고 있는 것들

기업의 이익이 왜 디지털 소멸과 망각의 미래까지 좌우하게 될 가능성이 높을까? 이것을 이해하려면 현재의 기술적·경제적 지형에서 소멸과 망각이 차지하는 위치를 눈여겨볼 필요가 있다.

지난 수십 년 동안 감시에 대한 공포는 꾸준히 증가해 왔지만 이런 공포는 대부분 근거가 없는 것으로 밝혀졌다. 20세기 후반에는 감시가 시각 기술과 밀접한 관련이 있었다. 한때 사람들은 21세기가 되면 카메라가 깔린 세상에 살게 될 거라고 예상했다. 오늘날 비디오카메라가 널리 보급되긴 했지만, 매일 수천 시간씩 녹화되는 비디오 영상은 수집되는 정보의 일부분에 불과하다. 우리의 사생활에 가장 큰 위협이 되는 것은 우리가 어떻게 보여지는가가 아니라, 우리가 전혀 볼 수 없고 대개는 존재하는지조차 모르는 정보들이다.

기술 기업들이 보유한 가장 가치 있는 자산은 정보 저장소다. 19세기의 목재와 철강처럼 정보는 이제 필수 자원이 됐다. 아직 수익 분기점에 도달하지 못한 디지털 플랫폼들이 수백만 달러의 가치로 인정받는 것도 이 때문이다. 인스타그램의 경우 그 가치는 10억 달러에 달했다.[10] 광고가 직접적인 수입원이긴 하지만, 이 기업들의 가치는 보통 정보를 만들어 내고 이를 이용해서 더 많은 정보를 생산하는 능력에 근거한다. 미디어 이론가 조디 딘Jodi Dean은 이 같은 현상을 '통신자본주의communicative capitalism'라고 표현했다. 딘은 현재 전 세계 선진국들을 지배하는 경제 구조인 통신자본주의하에서 가장 중요한 것은 '정보의 유통'이라고 주장한다. 어떤 콘텐츠든 구체적인 내용은 부차적인 문제일 뿐이다. 다시 말해 어떤 메시지가 전송됐고, 누가 언제 보냈는지, 그리고 상대가 이를 확인했는지 안 했는지는 중요하지 않다. 정보가 계속 만들어지는 한 현재의 경제 시스템은 계속 번성할 것이다.[11]

여기서 한 가지 비교를 해 보는 게 좋겠다. '아랍의 봄'*이나 '월스트리트 점령 운동'**, '흑인의 삶도 소중하다Black Lives Matter'*** 같은 운동을 벌인 활동가들이 소셜 미디어를 활용했다는 사실을 생각해 보라. 과거에도 활동가들은 자신과 정치적 지향점이 다른 기업이 만든 기술에 의존했다. 예를 들어 20세기 중반 제록스가 특정 사무 업무

---

* 2010~2011년 중동과 북아프리카 국가에서 연쇄적으로 일어난 반정부 민주화 시위.
** 2008년 금융위기를 불러온 월스트리트의 탐욕을 규탄하기 위해 2011~2012년 뉴욕을 중심으로 펼쳐진 대규모 군중 시위.
*** 2012년 미국에서 펼쳐진 흑인 인권 운동.

를 돕기 위해, 건식 복사 기술을 개발했는데 이후 이 기술은 활동가들이 계속해서 저렴한 비용으로 벽보와 소책자를 만드는 데 쓰였다. 제록스를 비롯한 복사기 제조업체 경영진과 연구자들은 자신들이 만든 사무용 기기가 체제 전복의 방편으로 활용될 수도 있음을 알았겠지만 자신들이 만든 기기에서 최종적으로 어떤 것들이 복사되고 있는지는 전혀 몰랐다. 또 활동가들은 종종 회사 소유 복사기를 사용해서 자료를 복사했기 때문에 제조업체들이 직접적인 이익을 얻은 것도 아니다. 결국 활동가들이 복사기를 활용하는 대가로 제조업체들이 얻을 수 있는 것은 거의 없었다.

반면 요즘은 활동가들이 페이스북이나 트위터, 인스타그램 같은 플랫폼을 사용하면 이 플랫폼 기업들은 아주 많은 것을 얻어 낼 수 있다. 모든 트윗이나 페이스북 게시글, 인스타그램 이미지는 일단 게시되고 나면 원래 내용과는 전혀 상관없는 용도로 활용이 가능한 정보를 만들어 낸다. 이것이 바로 통신자본주의의 힘이다. 조디 딘의 표현을 빌리자면 통신자본주의는 "우리의 모든 행동을 빨아들여서" "우리의 모든 상호작용을 자본을 위한 원자재로 변화시킨다".[12] 우리는 정보를 '탈취' 당하고 있는 것이다.

자본주의는 오래전부터 탈취를 통한 축적에 의존해 왔다. 이런 식의 축적은 민간 기업이 직원들에게 연기금 불입을 장려한 뒤에 이를 빼돌려 직원들을 빈털터리로 만들어 버리는 것과 같다.[13] 요즘엔 뭔가 다른 것을 빼돌리고 있는데, 그것이 바로 정보다. 여기에는 현재 우리가 지속적인 사회적 상호작용을 통해 만들어 내는 정보도 포함돼 있다. (인터넷 쇼핑몰에서 비밀번호를 변경하거나 신용카드 정보를 갱신 때처럼) 정보 탈취가 공공연하게 일어나는 경우도 있지만, 보통 이보다는 덜 노골적인 형태를 띤다. 정보 탈취는 기업이 새로운 제품과 서비스를 생산해서 우리에게 팔기 위해 (우리가 어떤 종류의 제품을 무슨 요일에 구매하고 건강 관련 증상을 얼마나 자주 검색하는지 등의) 각기 다른 정보 묶음datasets을 수집하고 결합하고 캐널 때도 발생한다. 소량의 정보는 그다지 가치가 없기 때문에 정보 탈취는 집단적으로 발생한다. 우리가 서로 나누는 상호작용들이 민간 기업의 이익을 위해 철저히 파헤쳐지고 있다.[14] 잊는 능력과 잊히는 능력을 미래에도 간직할 수 있기를 바란다면 이 새로운 형태의 탈취를 극복해야 한다.

페이스북은 거대한
기억 비즈니스다

잊는 것과 잊히는 것은 다른 문제지만 서로 밀접하게 연결돼 있다. 잊는 것은 보통 신경학적 과정 또는 심리적 과정으로 간주된다. 뇌는 (더 이상 의미가 없는 정보 등) 일부 정보를 막아서 우리가 보다 최신 정보에 집중할 수 있게 해 준다.[15] 하지만 잊히는 것은 전혀 다른 이야기다. 잊히는 것은 전적으로 타인에게 달려 있다. 때로는 타인이 나를 잊지 못해 나의 잊는 능력이 방해를 받는 경우도 있다. 거리에서 우연히 마주친 옛 친구가 (기억할 필요가 없거나 부정적인 점 때문에) 잊고 지내던 사람이나 함께 했던 일에 대해 이야기한다면, 우리의 망각은 중단된다. 즉, 내가 잊지 않고 타인에게 잊히는 것보다 타인에게 잊히지 않고 내가 잊는 것이 훨씬 더 어렵다. 이처럼 잊고 잊히는 것은 궁극적으로 사회적 행위이며, 이것이 바로 소셜 미디어가 미래에 대단한 위협이 되는 이유이다.

만약 조디 딘의 주장내로 우리의 사회적 관계가 타인의 이익에 기여하는 세상에 살고 있다면, 다시 말해 "미래에 경쟁 우위를 얻기 위해 사회적 상호작용의 과거 양상을 분석하는" 세상에 살고 있다면, 망각은 골칫덩이일 수밖에 없다.[16] 그런데 민간 기업이 우리의 사회적 관계에 돈을 투자하면서 우리는 더 이상 서로를 잊는 것을 스스로 통제할 수 없게 됐다. 페이스북 같은 플랫폼이 우리가 잊지 않고 타인에게도(심지어는 지난 수십 년간 말 한 마디 나누지 않은 사람들에게까지) 잊히지 않게 하기 위해 얼마나 많은 돈을 투자하고 있는지 생각해 보라.

내가 (2008년이 돼서야, 그것도 다른 나라로 거주지를 옮기면서 어쩔 수 없이) 페이스북에 가입한 목적은 이미 알고 지내면서 정기적으로 연락을 나누던 사람들과 계속 관계를 유지하는 것이었다. 처음에 페이스북에서 친구를 맺은 사람은 막 두고 떠나온 친구들과 새 직장 동료 몇 명뿐이었지만, 시간이 지나면서 과거에 친분이 있던 지인들이 나를 '친구 추가' 하기 시작했다. 고등학생 시절 연극제에서 처음 만난 마이크 같은 사람들이었다. 당시 마이크와는 주말 연극제가 끝나고 연락이 끊겼다. 그가 차로 세 시간 떨어진 곳에 살고 있었기 때문이다. 1980년대 중반만 해도 멀리 떨어져 사는 청소년끼리 관계를 유지하는 경우는 별로 없었다. 그러나 5년 뒤 마이크가 내가 다니던 대학에 편입하면서 우리는 마침내 친구가 됐다. 그리고 대학 졸업 후

다시 연락이 끊겼는데, 마이크가 거의 15년 만에 페이스북에서 나를 '친구 추가' 했을 때 나는 어리둥절한 심정이었다. 서로 대화를 나눈 지 10년도 더 지났기에 그때쯤에는 과거 말고는 공통점이 전혀 없었다. 물론 페이스북에서는 누구나 마이크 같은 친구가 몇 명은 있기 마련이다. 다시 연결돼도 크게 상관은 없지만, 페이스북이 그런 시스템을 만들어 내지 않았다면 머릿속에 떠올리지 않았을 사람 말이다. 페이스북이 이런 시스템을 만든 이유는 우리가 다시 소통을 시작하고 지속하라고 돈을 투자했기 때문이다.

2011년 결국 페이스북 계정을 해지하기로 결정하자 희한한 일이 또 일어났다. 해지 절차를 밟는 중에 '이 대담한 조치를 취할 경우 그리워하게 될 많은 이들의 사진을 보라'는 요청을 받은 것이다. 화면에 나타난 얼굴 중에는 마이크도 있었지만, 전혀 모르는 사람도 십여 명이나 있었다. 당시 나는 '친구'가 수백 명에 달했는데, 대부분은 학회나 문학 행사에서 스치듯 만났거나 한 번도 만난 적은 없지만 직업상 관계가 있는 사람들이었다. 나에겐 이 사람들을 기억해야 할 하등의 이유가 없었지만, 페이스북은 분명 그래야 할 이유가 있어 보였다. 하지만 수백만 명의 옛 친구와 먼 친척 그리고 심지어는 낯선 사람들을 서로 연결해 주는 페이스북이 우리의 관계를 유지시키는 데 투자한 이유는 우리의 감정 존중과는 거의 상관이 없다. 옛 친구 마이크가 자녀 사진을 나와 공유하고 내가 그 사진에 '좋아요'를 클릭하는 과정, 곧 출간될 책에 관한 내 게시물에 마이크가 '좋아요'를 누르고 그 링크를 우리 둘 다 아는 옛 친구 다섯 명에게 전달하는 과정에서 우리는 정보를 만들어 내고 더 많은 연결을 일으키는데 이것이 페이스북에 이득이 된다. 세상의 모든 케이트와 마이크가 기억 대신 망각을 선택했다면, 페이스북은 지금 같은 기업이 되지 못했을 것이다.

최근 들어 십대와 청년들 사이에서 페이스북의 인기가 예전 같지 않다. 그들 중 상당수는 페이스북을 '노인들을 위한 소셜 미디어'라고 했다. 이들은 보통 인스타그램이나 스냅챗을 더 선호한다. 그러나 이 세 플랫폼은 모두 비슷한 목표로 움직이고 있다. 페이스북은 내가 옛 친구의 아기들 사진에 '좋아요'를 누르기를 원하고, 인스타그램과 스냅챗은 사용자들이 끊임없이 더 많은 정보를 생성하기를 원한다. 그래서 스냅챗은 2016년 '연속 스냅snapstreaks'이라는 기능을 도입했다. 연속 스냅은 친구와 일대일 스냅 메시지를 사흘 이상 연속으로 주고받아야 달성할 수 있다. 당신이 다른 스냅챗 사용자와 이 임무를 완수하면 불꽃 모양 이모티콘이 당신 이름 옆에 나타나 연속 기록이 시작됐다고 표시해 준다. 불꽃 이모티콘 바로 옆에는 숫자가 나타나서 연속 스냅이 며칠 동안 이어지고 있는지 알려 준다. 모래시계 이모티콘은 연속 스냅 기록이 곧 중단된다는 우울한 신호다.[17] 이게 유치하게 들리겠지만 청소년에게는 압박감이 꽤나 심할 수 있다.

저널리스트 메리 최Mary Choi는 사춘기 소녀 다섯 명의 스냅챗 세계에 직접 참여해 본 뒤 다음과 같은 기사를 썼다. "내가 대화를 나눈 청소년들은 연속 스냅을 동시에 2개에서 12개까지 이어 가고 있었다. 이들은 모두 연속 스냅이 살짝 귀찮게 느껴지긴 하지만 문자 메시지를 주고받을 만큼 친하지 않은 누군가와 대화하기엔 딱 적당하다고 말했다. 연속 스냅으로 보내는 내용은 대부분 얼굴을 근접 촬영한 사진처럼 꾸미지 않은 이미지들이다. 이모티콘처럼 거의 노력이

들지 않지만 이모티콘보다는 훨씬 덜 지루하게 느껴진다. (…) 스냅은 누군가에게 내가 당신을 생각하고 있지만 그렇게 많이 생각하는 건 아니라는 사실을 알리려는 의도로 사용된다."[18]

그럼에도 일부 청소년들은 연속 스냅에 상당히 많은 시간을 쏟고 있다. 이 책을 쓰면서 십대 청소년과 대학생 또래 청년 몇 사람에게 왜 연속 스냅을 계속 이어 가는지 물었다. 직접 만나 대화하고 싶지 않은 사람을 포함해 친구나 지인들과 가볍게 연락하고 지내기 쉬워서라고 말한 사람도 있었지만, 연속 스냅은 우정이나 연인 관계에서 '눈으로 확인할 수 있는 흔적'이나 '징표'라고 표현한 사람도 있었다. 이처럼 연속 스냅은 분명 또래들과 꾸준히 연락하고 지내려는 청소년들의 열망에 부응하는 기능이지만, 사실 통신자본주의가 성공하려면 꼭 있어야 하는 '지속성'을 뒷받침하고 있다.

잊힐 권리를 위해
희생해야 할 것들

망각하려면 이제 막대한 대가를 치러야 한다. 대가를 치러야 할 대상은 한때 스스로 기억을 소유했던 개인들이 아니라 우리의 기억과 집단적 망각 거부에 투자한 민간 기업들이다. 망각이 막대한 경제적 중요성을 띠게 된 세계에서 과연 망각은 어떤 미래를 맞게 될까? 오늘날 어린이와 청소년들이 궁극적으로 치러야 할 대가는 무엇일까?

문제 될 게 있나요?

이 책을 쓰는 동안 책의 내용을 발표할 기회가 몇 번 있었다. 그럴 때마다 이런 질문을 던지는 청중이 꼭 한 명은 있었다. "그냥 적응하게 되지 않을까요? 시간을 두고 기대와 행동을 바꾸면 이 문제도 해소되지 않을까요?" 나는 종종 이처럼 강한 낙관주의와 맞닥뜨렸는데, 우리는 점점 타인의 디지털 발자국에 집착을 줄이게 되고 인터넷에 정보를 올릴 때 더 신중해질 거라는 유토피아적인 기대였다.

그런 기대가 어쩌면 사실일지도 모르겠다. 지난 1, 2년 사이 세상을 들썩이게 만든 개인정보 침해와 유출 사건들로 일부는 소셜 미디어 사용 빈도를 줄였다. 페이스북이 컨설팅 회사 케임브리지 애널리티카Cambridge Analytica에 8000만 건이 넘는 사용자 정보를 제공했다는 사실이 밝혀진 뒤, 수천 명의 사용자가 페이스북 계정을 삭제했다.[19] 이들이 모두 페이스북을 영원히 사용하지 않을지, 그리고 그 같은 저항이 인터넷 사용 방식을 바꾸는 변화로 이어질지는 알 수 없다. 소비자의 회의론이 광범위한 미디어 정보 해독력과 결합하면서 정보 축적 속도가 일정 부분 완화할 가능성도 있다. 그러나 계속 접하는 '대안적 미래' 가설은 쉽사리 받아들이기 힘들다. 이런 낙관적 견해는 민간 기업들이 우리의 사생활과 우리가 만들어 내는 정보 수집에 점점 더 많이 투자하고 있다는 사실을 철저히 간과하고 있다.

유료 삭제 서비스

정보 삭제가 상품화될 수 있는 방식 중 하나는 '유료 삭제pay-for-delete' 모델의 도입이다. 유료 삭제 시스템은 개인이 부채를 (보통은 전액) 상환하면 채권 추심자가 개인의 신용 정보에서 채무 내역을 삭제해 주는 것과 같다. 신용조사 기관들은 대부분 이 같은 방식에 난색을 표하지만, 추심 회사들은 부채를 상환받으면 체납 계좌를 신용 정보에서 삭제할 수 있는 권한을 가지고 있다. 유료 삭제는 원 채권자와도 진행할 수 있지만, 추심 회사들과 달리 채권자들은 이 같은 행위에 관여할 이유가 거의 없다. 대다수 채권 추심 회사는 부채를 액면가 이하로 할인해서 인수한다(만약 당신이 이동통신사에 325달러를 연체했다면, 추심 회사는 이 부채를 225달러에 인수한 뒤 부채를 전액 회수해서 수익을 내려고 한다). 추심 회사 입장에서는 부채를 상환하도록 괴롭히는 데 자원을 덜 들이면 들일수록 투자 대비 수익률이 높아지므로, 유료 삭제를 제안할 동기가 충분하다.[20]

이 같은 시스템은 특정한 형태의 정보가 계속 인터넷에 떠돌 경우 부정적인 영향을 받을 가능성이 있는 개인에게도 적용될 가능성이 있다. 예를 들어 청소년들은 디지털 이력 때문에 대학 입학이나 취업을 그르칠 수도 있다. 한때는 학업 성적을 높게 유지하고, 입학시험을 잘 치르고, 과외 활동에서 확실한 포트폴리오를 만들면 좋은 학교에 들어갈 수 있었지만, 디지털 시대를 살아가는 고3 수험생들은 새로운 장애물을 넘어야 한다. 바로 자신의 디지털 이력이다. 최근 연구 결과, 대학 입학 사정관의 3분의 1가량이 인터넷으로 지원 학생에 관해 검색했고, 3분의 2는 지원자들의 페이스북을 확인했다. 그리고 이 중 30~40퍼센트에서는 지원자에게 부정적인 인상을 주는 내용을 발견했다고 밝혔다.[21] 2017년 하버드대학교에서 일어난 사건은 디지털 평판이 대학 지원자에게 큰 영향을 미칠 수도 있다는 사실을 일깨

웠다. 하버드대가 비공개 페이스북 그룹 페이지에 저속한 게시물을 올린 고교생 10명의 입학 허가를 취소한 것이다.[22]

많은 청소년은 대학 입학 사정관들과 미래의 고용주들이 자신을 지켜보고 있다는 사실을 분명히 인지하고 있다. 그리고 이에 대응해서 "자신의 온라인 정체성을 포장하고 편집하고 꾸미고 있다".[23] 점점 더 많은 대학 입학 컨설턴트가 도움이 필요한 청소년들에게 '가상 발자국 관리', '가상 발자국 점검 및 청소' 같은 이름을 내건 서비스를 제공하고 있다. 그러나 이 서비스들은 원치 않게 생겨난 디지털 쓰레기는 거의 삭제하지 못한다. 대신 링크드인LinkedIn* 페이지처럼 인터넷 검색 상위에 노출되는 사이트를 만들 수 있게 도와준다. 미래에는 (신용 기록의 유료 삭제 옵션과 유사하게) 청소년들의 디지털 평판을 정화하기 위해 삭제 협상을 돕는 새로운 중개인이 등장할 가능성이 있다. 이런 서비스를 구매할 수 있는 재력가 부모와 그 자녀들이 수혜자가 될 것이다. 반면 이런 서비스를 구매할 여력이 없는 이들은 고등 교육으로 나아가는 과정에서 반드시 디지털 평판이라는 장애물을 극복해야 한다.

정보 교환을 통한 삭제

소셜 미디어 플랫폼들은 무료라는 이유로 대중적이라는 칭송을 받아 왔다. 우리가 무보수로 정보를 만들어주고 있다는 점만 빼면 '무

---

* 구인/구직과 동종 업계 종사자 간 정보 교환을 주목적으로 하는 소셜 미디어 플랫폼.

료'라고 볼 수 있다. 통신자본주의는 (앤시스트리닷컴Ancestry.com 같은 가계 정보 사이트처럼) 우리가 느끼는 향수나 (오케이큐피드OkCupid 같은 만남 사이트처럼) 사랑처럼, 한때는 실체가 없었던 것에서 가치를 창출해 낸다. 그런데 왜 이 새로운 경제 시스템은 우리의 잊으려는 욕구와 잊히려는 욕구에서는 그런 가치를 창출해 내지 못하는 걸까?

어떤 측면에서는 이미 그런 시도가 있었다. 페이스북을 비롯한 소셜 미디어 계정을 해지해 본 사람이라면 절차를 끝내기 위해서는 먼저 설문 조사에 응답해야 한다는 사실을 알고 있다. 해지 절차 자체가 해당 플랫폼 개선에 활용될 수 있는 중요한 정보를 만들어 낸다. 하지만 이는 일회성으로 발생하는 일이다. 특정한 정보 조각이나 모음을 비활성화하거나 삭제할 수 있게 해 주는 과정이 상시적 절차로 자리 잡을 가능성은 없을까? 불가능한 시나리오는 아니다.

정보 탈취의 '지속성'은 조디 딘이 지적했듯 (애플의 개인정보 보호정책 변경사항에 동의하거나 수시로 패스워드를 변경하는 등) 끊임없이 이어지는 개인 정보 업데이트 요구에서 그 일면을 볼 수 있다. 표면적으로 이 요구들은 (우리에게 정보를 제공하거나 우리의 계정을 더 안전하게 만드는 등) 우리 자신의 이익을 위한 것이지만, 동시에 정보를 생성시키기도 한다. (소셜 미디어 계정을 해지하거나 웹사이트에 남긴 댓글을 삭제하는 것 같은) 특정한 형태의 디지털 소멸이 정해진 기간 동안만 유지되는 시나리오를 떠올려 보자. 그런 시스템은 장단점이 엇갈릴 것이다.

어떤 고등학생이 대학 입학에 문제가 될까 봐 특정 플랫폼에 올린 사진을 영구적으로 삭제하길 간절히 바란다면, 이 시나리오하에서는 해당 학생이 삭제를 요구할 수는 있지만 그 대가로 삭제 시스템을 갱신할 때마다 다른 종류의 개인 정보를 제공해야 하므로 이론적으로 이런 절차는 무한정 계속된다. 디지털 발자국을 삭제하거나 (검색 결과 창에서 불리한 정보를 아래로 밀어내기 위해 방문자가 몰리는 사이트를 만드는 등의 방법으로) 최소한 통제라도 하기 위해 제3자에게 비용을 지불하는 유료 삭제 시나리오와 달리, 정보 주체는 지속적인 정보 교환을 통해 디지털 삭제를 달성할 수 있다. 예를 들어 당신이 (휴대폰 위치 정보 등) 자신과 관련된 특정 정보를 중개인과 영구 공유하기로 동의하면 중개인은 도메인 소유자나 또 다른 주체에게 비용을 지불해서 당신의 굴욕 사진이나 댓글 등 당신의 문제 정보를 삭제시킨다. 이론적으로 도메인 소유자가 중개인은 문제의 이미지나 글을 삭제해주는 대가로 수백 또는 수천 달러를 지불하고, 정보 주체는 그 대가로 중개인에게 개인 위치 정보를 수년간 또는 평생 제공한다. 그리고 중개인은 새로운 제품이나 서비스를 개발할 목적으로 정보를 수집하고 결합하고 파헤치는 기업들에게 그 정보(와 유사한 의뢰인 수천 명의 정보)를 판매함으로써 이익을 실현한다.

디지털 금욕

디지털 발자국이 끈질기게 따라붙는 문제를 해결하기 위한 마지막 잠재적 방안은 디지털 금욕이다.[24] 이론적으로 소셜 미디어 활동을 전혀 하지 않으면 디지털 프로필이 아예 만들어지지 않는다. 꽤나 확실해 보이는 이 해법에는 불행하게도 근본적인 결함이 있다. 청소년들이 성장하면서 만들어 내는 디지털 발자국은 대학 진학과 취업 가능성에 부정적으로 작용할 수 있지만, 대학 입학 사정관부터 미래의 고용주까지 대다수가 청소년들의 디지털 발자국을 주시하면서 적극적으로 살펴보고 있다는 점에서 단순히 소셜 미디어 활동을 하지 않겠다고 발을 빼는 것은 해답이 될 수 없다. 온라인 인지도가 높이 평가받고 종종 검증하는 도구로 사용되기도 하는 세상에서 디지털 금욕을 추구할 경우 비싼 대가를 치르게 될 수도 있다. 즉, 디지털 발자국이 전혀 없는 것은 썩 아름답지 못한 발자국만큼이나 해로울 수 있다. 따라서 완전한 디지털 금욕은 실행 가능한 해결책이 아니다.

망각에 관해 현재 진행 중인 논의에 어린이와 청소년의 미래가 달려 있는 까닭은 바로 이들이 현재 디지털 경제의 소비자이자 생산자로서 핵심적인 역할을 수행하고 있기 때문이다. 하지만 성인과 달리 아이들은 적어도 한 가지 두드러진 측면에서 여전히 주변인 취급을 받고 있다. 구글 애드센스Google AdSence* 계정을 개설해서 방문자의 조회 수와 클릭 수에 따라 수입을 올릴 수 없는 것.[26] 청소년은 미디어 생산자로 참여하면서도 몇몇 예외를 제외하고는 여전히 미디어 자기 이름으로 생산 수단을 소유하지 못한다. 청소년들은 정보 생성에 없어서는 안 될 존재들이며, 정보 생성은 디지털 경제를 움직이는 핵심 동력이다. 많은 기업, 특히 스냅챗이나 인스타그램 같은 소셜 미디어 플랫폼을 운영하는 기업의 가치는 주로 사용자들이 대가 없이 수행하는 디지털 노동에 의존하고 있다. 그리고 그 사용자들의 상당수는

---

* 구글의 웹사이트 광고 게재 프로그램.

미성년자들이다. 그런데도 청소년들은 오로지 나이 하나 때문에 디지털 경제에서 직접 이익을 얻을 수 있는 능력을 엄격하게 제약받고 있다.

20년 넘게 디지털 미디어 플랫폼의 영향을 연구해 오면서 나는 새로운 플랫폼이 등장할 때마다 어김없이 청소년을 우려하는 목소리가 나온다는 사실을 알게 됐다. 또한 실제 드러나는 영향은 사람들이 예상했던 것과는 상당히 다르다는 사실도 알았다. 1990년대 중반 인터넷이 가정에 처음 놓일 무렵 헨리 젠킨스는 교육자와 부모, 정책 입안자들에게 "아이들이 자극적인 정보나 도발적인 이미지에 접근하지 못하게 막아 놓고 비판적 사고를 하라고 가르칠 수는 없다"며 일침을 가했다.[25] 이 말은 오늘날에도 여전히 유효하다. 아이들을 새로운 미디어 플랫폼에 접근하지 못하게 하는 것은 아이들에게도 어른들에게도 득이 될 것 같지 않다.

그래서 나는 디지털 망각을 어린 시절 한때의 문제로 치부하기보다는 그들에게 특별히 더 지대한 영향을 미치는 더 큰 차원의 사회 문제로 다루자고 제안한다. 특히 청소년은 디지털 미디어의 소비자이면서 생산자이기 때문에 특히 망각의 퇴보에 더 큰 영향을 받을 것이다. 새로운 미디어에 대한 공포는 아이들이 미디어가 전달하는 메시지를 수동적으로 받아들이는 존재라는 생각에서 비롯됐다. 이는 전적으로 사실이었던 적이 결코 없으며, 오늘날에도 분명 사실이 아니다.

—

망각, 자유 그리고 정보

—

최근까지만 해도 우리는 유년기와 청소년기에 경험한 가장 창피하고 고통스러웠던 순간들과 손쉽게 결별할 수 있었다. 폴라로이드 카메라와 비디오 캠코더를 비롯한 20세기 미디어 기기들은 어린 시절을 선택적으로 기억할 수 있는 우리에게는 큰 위협이 되지 못했다. 사진은 빛이 바래고, 미디어 방식은 단종되고, 아날로그 미디어는 대부분 삭제하거나 파괴할 수 있었다. 반면 디지털 미디어 시대에 진입하고 20년이 지난 지금, 우리는 스스로 유년기와 청소년기에서 벗어날 수 있는 능력과 타인의 기억에서 우리의 과거 모습을 지우는 능력을 빼앗기고 있다. 이는 타인에게서 잊히길 바라는 욕구가 사라졌기 때문이 아니다.

　기술 변화와 경제 변화가 맞물리면서 모든 사람이 잊고 잊히는 능력을 쓸 수 없게 됐다. 청소년들 입장에서는 얻은 것도 많지만 잃은 것도 무척 많다. 어린이와 청소년은 과거에는 엄두도 내지 못한 것을 마침내 손에 넣었다. 자기 삶을 자신만의 관점으로 표현하고 그 결과물을 가족이나 친구 또는 수백만 명의 낯선 사람들과 공유할 수 있게 되었기 때문이다. 지금까지 역사상 단 한 번도 청소년들이 이렇게 자기표현을 하고 정보를 배포할 수 있는 힘을 가진 적이 없었다. 하지만 이 자유에는 대가가 따랐다. 그리고 그 대가가 무엇인지 이제야 확연히 드러나기 시작했다.

최근까지도 어린이와 청소년은 이미지 생산과 배포 기술에 보편적으로 접근하지 못했다. 비용이 너무 비싸거나 사용법이 너무 까다로웠기 때문이다. 설사 어린이나 청소년이 브라우니 폴라로이드 카메라를 살 돈이 있고 전문 사진가가 될 만한 능력을 갖추었더라도, 사진을 현상하고 여러 장을 인화해서 배포하는 비용은 엄두도 내지 못할 만큼 비쌌다. 미디어 기술과 유통 경로를 어린이와 청소년도 쉽게 쓸 수 있으려면 미디어 제작 구조가 달라져야 했다. 그리고 1990년대 후반부터 바로 이 같은 변화가 일어났다.

지금까지 기술 기업들은 주로 (카메라 같은) 하드웨어나 (필름 인화 같은) 서비스를 개발하고 판매해서 수익을 창출했다. 컴퓨터 기업 역시 하드웨어와 소프트웨어 제품 판매가 수익원이었다. 오늘날 많은 기업들은 사용자가 인터넷에서 만들어 내는 정보를 모아서 수익의 일부 또는 전부를 만들어 낸다.[1] 대다수 어린이와 청소년은 최신 휴대폰을 비롯한 고가의 하드웨어를 정기적으로 구매할 재력이 없지만, 성인들이 가지지 못한 것을 두 가지 가지고 있다. 이 둘 모두 기술 기업들이 간절히 활용하고 싶어 하는 자원인데, 하나는 시간이고 다른 하나는 또래들과 끊임없이 접촉하려는 갈망이다.

청소년들이 사회 안에서 자기 역할을 탐구하는 것은 자연스러운 일이다. 그 과정에서 청소년들은 동질집단과 깊은 유대를 형성한다.[2] 청소년들이 사회적으로 일체화와 인정을 갈구한다는 증거는 대단히 많다. 우리는 지금 끊임없는 연결과 인정 욕구가 구체적으로 포착되고 상품화되는 시대에 살고 있다. 한때 청소년들은 같은 이유로 몇 시간씩 전화에 매달리거나 친구들과 쇼핑몰을 서성거렸지만 이제는 인터넷에 접속한다. 그리고 결과적으로 정보 생성 활동에 참여한다. 따라서 기술 기업들이 온갖 커뮤니케이션 기술을 청소년들 손에 쥐어 주고 이 기술을 최대한 자주 사용하게 만들려고 애쓰는 것은 당연한 일이다. 저널리스트 낸시 세일즈Nancy Jo Sales는 "실사용자가 많으면 많을수록 소셜 미디어 기업은 이들에 관한 정보를 더 많이 수집할 수 있다. 그리고 수집한 정보를 다른 회사에 팔 수 있다면 정보의 가치는 더욱 올라간다"고 지적했다.[3]

어린이와 청소년은 직접 만든 텍스트와 이미지를 배포하는 데 필요한 도구를 통제하게 된 대가를 이미 치르고 있다. 앞으로도 계속 치를 것이다. 이 손실은 사회적이면서 동시에 심리적인 것으로, 궁극적으로는 다른 형태를 띨 수도 있다.

먼저, 청소년들의 생활이 점점 더 가상 공간으로 옮겨 가면서 (뿐만 아니라 얼굴을 맞대고 벌어지는 일들이 인터넷에 점점 더 기록되고 유포되면서) 평범해 보였던 위험들이 새로운 장애물을 만났다. 그저 성장의 일부분으로 생각했던 바보 같거나 쑥스러운 순간들이 과거와 달리 중요성을 띠면서, 어느 정도 책임을 면제해 주었던 사회심리적 유예가 더는 작동하지 않게 된 것이다.

이제 청소년들은 결과에 구애받지 않고 새로운 정체성을 탐구하고 시험해 볼 기회를 잃어 가고 있다. 또한, 어린 시절이 점점 더 많이 기록되면서 유년기 기억을 편집하고 재구성할 수 있는 능력도 희미해지고 있다. 프로이트에 따르면 유년기의 기억은 진정한 기억이 아니라 '차폐 기억'으로, 이후 삶에서 얻은 경험으로 정교하게 수정된 것이다. 끊임없이 확장하는 검색 가능한 정보에 의해 우리 기억이 점점 더 '팩트 체크'되는 시대에 과연 이 차폐 기억은 살아남을 수 있을까? 아니면, 이미지를 만들고 배포할 수 있는 미디어 기술에 폭넓게 접근하는 권한을 얻은 대가로 무형의 차폐 기억을 포기하게 될까? 만약 그렇게 된다면 일부 어린이와 청소년, 특히 과거의 트라우마나 수치스러운 기억을 잊고 싶어 하는 아이들은 또래 다른 아이들보다 더 많은 것을 잃게 되지 않을까?

세 번째 대가는 이동성, 즉 달아나거나 고향을 떠나거나 과거를 잊고 미래로 나아가는 능력과 관련 있다. 과거에는 기존에 구축한 사회 관계망에서 벗어나고 싶으면 단지 전화를 받지 않거나 관계망에 포함돼 있는 사람과 연락을 끊으면 그만이었다. 하지만 이제는 사회 관계망에서 발을 빼는 일이 그렇게 간단하지가 않다. 어떤 의미에서 우리는 어디를 가든 사회 관계망을 함께 가지고 간다. 뿐만 아니라 한때 사진첩이나 서랍에 처박혀 있던 정보들이 이제는 네트워크에 연결되고 태그가 달리고 있다. 과거에는 사진을 없애 버리면 다시는 그 사진을 보지 못할 가능성이 높았다. 설사 옛 친구 중 한 명이 서랍에 사본을 가지고 있다고 해도 말이다. 하지만 요즘은 고등학교 졸업앨범을 스캔한 파일처럼 다른 사람들이 소유한 과거 이미지들이 원하든 원치 않든 우리 앞에 나타날 수 있다. 고향에 머무르든 고향을 떠나든 그리고 과거에 알게 된 사람들과 계속 연락하든 안 하든 이제 과거는 더 쉽게 현재로 침투한다. 공간도 시간도 큰 장애물이 되지 못한다.

여기서 언급한 대가들은 모든 사람에게 영향을 미치지만, 특히 어린이와 청소년은 성인보다 잃을 게 더 많다. 게다가 청소년들은 잊힐 권리와 잊을 권리를 관리하고 이 권리를 지키는 데 싸울 준비가 성인보다 덜 되어 있다.

만약 5장에서 예견한 것처럼 디지털 세계에서 자기 정보를 지워 주는 대가로 대가를 요구하는 시스템이 개발된다면, 그렇지 않아도 경제적으로 주변인인 청소년들은 부모의 선의와 현명한 판단에 기대 삭제 비용을 내 달라고 요청해야 할 것이다.

하지만 자녀의 바람과 달리 부모는 자녀의 온라인 정체성 중 특정 부분만 삭제하는 것을 조건으로 비용을 지불할 가능성도 배제할 수 없다. 예를 들어 자녀가 성적 취향에 관해 올린 게시물만 삭제해 달라고 하는 식이다. 만약 디지털 소멸이 또 다른 형태를 띤다면, 즉 원치 않는 정보를 삭제하기 위해 더 많은 정보를 제공해야 한다면, 역시 청소년이 성인보다 잃을 게 더 많다. 이미 통제하기 힘들어진 기존의 디지털 발자국과 디지털 그림자를 관리하기 위해 또 다른 정보를 공유하고 생성하는 쳇바퀴에 갇히게 될 수 있다. 더 어린 나이부터 이런 식의 합의를 반복하면 자신의 정보 주체를 관리하는 일이 걷잡을 수 없이 복잡해진다.

이 책 전반에 걸쳐 살펴보았듯, 망각은 전적으로 부정적인 현상은 아니고, 때로는 반드시 필요하다. 형편없는 평판에도 불구하고 망각에겐 역할이 있다. 위험을 감수하고, 새로운 정체성을 탐구하고, 새로운 생각을 받아들일 수 있게 해서 개인의 성장을 돕는다. 망각은 가벼운 상처를 딛고 일어설 수 있게 하는 요긴한 버팀목이자 심각한 트라우마를 극복하게 해 주는 만병통치약이다. 스스로 잊고 타인에게도 잊히는 것은 이런 면에서 누릴 수 있는 큰 자유다. 자신의 기억이나 누군가의 기억 때문에 과거에 얽매인다면 현재와 미래에 자신을 재창조할 수 없다. 망각의 종말이 누구보다 청소년에게 중대한 의미를 갖는 이유는 바로 망각이 그러한 자유와 연결되어 있기 때문이다.

서문

1. 2016년 구글 포토 출시 1주년을 맞아 구글이 블로그에 올린 조사 결과에 따르면, 구글 포토 사용자 2억 명이 직전 12개월 동안 240억 장의 셀카를 업로드한 것으로 나타났다(https://www.blog.google/products/photos/google-photos-one-year-200-million/). 그러나 연령대별 셀카 찍는 횟수에 대한 정보는 찾기 힘들다. 적어도 한 조사에서는 나이가 어릴수록, 특히 어린 여자일수록 셀카를 더 많이 찍고 공유하는 것으로 드러났다. 전 세계 주요 5개 도시에서 셀카 촬영 횟수와 형태에 관한 정보를 수집한 대규모 프로젝트 셀피시티SelfieCity의 연구 결과를 참고하라(http://selfiecity.net).

2. Danielle Wiener-Browner, "Narcissistic Babies Can't Stop Taking Self-

ies," *Atlantic*, Jan. 28, 2014.

3. John Schwartz, "Caution: Children at Play on the Information Highway," *Washington Post,* Nov. 28, 1993, A01.

4. 다음을 참고하라. U.S. Department of Health and Human Services, *Physical Activity and Health: A Report of Health of the Surgeon General* (Atlanta: U.S. Department of Health and Human Services, Centers for Disease Control and Prevention, National Center for Chronic Disease Prevention and Health Promotion, 1996); J. O. Hill and J. C. Peter, "Environmental Contributions to the Obesity Epidemic," *Science* 280 (1998): 1371–1374; R. Kraut, M. Patterson, V. Lundmark, et al., "Internet Paradox: A Social Technology That Reduces Social Involvement and Psychological Well-being?" *American Psychologist* 53 (1998): 1017-1031; Kaveri Subrahmanyam, Robert E. Kraut, Patricia M. Greenfield, and Elisheva F. Gross, "The Impact of Home Computer Use on Children's Activities and Development," *Children and Computer Technology* 10, no. 2 (2000): 123-144.

5. Schwartz, "Caution."

6. Telecommunications Act of 1996, S.652, 104th Cong. (1996).

7. Henry Jenkins, "Empowering Children in the Digital Age: Towards a Radical Media Pedagogy," *Radical Teacher* no. 50 (Spring 1997): 30-35.

8. Neil Postman, *The Disappearance of Childhood* (New York: Delacorte Press, 1982), 85.

9. 다른 학자들도 같은 견해를 밝힌 바 있다. 필립 아리에스Philippe Ariès는

가동 활자의 발명 이후 아이들이 성인 세계에서 사실상 추방된 뒤 학교에 보내졌으며, 그곳에서 더욱 힘을 박탈당했다고 주장했다. Aries, *Centuries of Childhood: A Social History of Family Life*, trans. Robert Baldick (New York: Vintage, 1962), 413. 엘리자베스 아이젠슈타인Elizabeth Eisenstein은 이 주장에서 한발 더 나아가 "인쇄술이 새로운 형태의 누적적 인지 발전과 점진적 변화를 이끌어 내면서 문자 문화와 구술 문화의 격차가 심화됐고, 독서를 많이 한 성인과 학교 교육을 받지 않은 어린아이 간의 간극이 점점 더 벌어졌다"고 주장했다. Eisenstein, *The Printing Press as an Agent of Change: Communications and Cultural Transformations in Early Modern Europe* (Cambridge: Cambridge University Press, 1979), 432.

10. Aries, *Centuries of Childhood*, 150-151; Teresa Michals, *Books for Children, Books for Adults: Age and the Novel from Defoe to James* (Cambridge: Cambridge University Press, 2014), 36.

11. Postman, *The Disappearance of Childhood*, 80.

12. 위의 책., 149-150.

13. 역사학자 매리앤 허쉬Marianne Hirsch는 홀로코스트 생존자 자녀들인 '전후세대postgeneration'가 유년기에 종종 외상 후 스트레스를 동반한 논리적 모순에 봉착하는 것과 이런 갈망은 관련이 있다고 보았다. Hirsh, "The Generation of Postmemory," *Poetics Today* 29, no. 1 (2008): 103-128.

14. 허쉬는 "The Generation of Postmemory,"에서 사진 기술이 전후세대의 경험에 지대한 영향을 끼쳤다고 주장했다. 직접 경험하지 못한 사건들

에 접근할 수 있게 해줌으로써 홀로코스트를 겪은 세대와 이후 세대를 잇는 가교 역할을 했다는 게 허쉬의 설명이다.

15. Julia Creet, "The Archive as Temporary Abode," in *Memory and Migration: Multidisciplinary Approaches to Memory Studies*, ed. Julia Creet and Andreas Kitzmann (Toronto: University of Toronto Press, 2011), 280–298.

16. 1980년대부터 전 세계의 독일인들과 일부 독일계 사람들이 부모와 조부모의 나치 관련성을 확인하는 데 관심을 기울이기 시작했다. 일부 독일인들은 일종의 집단 심리요법인 '가족 다시 세우기Familien-aufstellung'를 통해 홀로코스트에 연루된 가족의 과거를 받아들이려고 애쓰기도 했다. Burkhard Bilger, "Where Germans Make Peace with Their Dead," *New Yorker*, Sept. 12, 2017.

17. 다음을 참고하라. Hirsh, "The Generation of Postmemory."

18. 이 책에서 '기억 연구'는 1990년대 이후 사회과학과 인문학에서 대두한 비교적 최신 연구 분야를 지칭한다. 이 분야는 주로 개인의 기억보다는 집단 기억에 초점을 맞추는데, 집단 기억은 응용과학 기반의 실험적 기억 연구에서 주된 관심사로 다뤄지고 있다. 사회과학과 인문학 분야의 기억 연구는 윤리학과 정치학의 특정 분야를 포괄한다. 2008년 『기억 연구Memory Studies』 창간호에서 수잔나 래드스톤Susannah Radstone은 기억 연구가 현재 속에 계속 남아 있는 과거를 다루는 일이며 "현대 정치 논쟁과 투쟁의 전면에 나선 많은 문제의 핵심과 맞닿아 있다"고 강조했다. Radstone, "Memory Studies: For and Against," *Memory Studies* 1, no. 1 (2008): 31–39.

19. For an overview of this work, see Jeffrey K. Olick, *The Sins of the Fa-*

thers: Germany, Memory, Method (Chicago: University of Chicago Press, 2016).

20. Paul Ricoeur, *Memory, History, Forgetting*, trans. Kathleen Blamey and David Pellauer (Chicago: University of Chicago Press, 2004), 413.

21. 망각이 사회과학과 인문학 분야 기억 연구에서는 대체로 부정적인 의미를 띠지만(이 분야가 집단 트라우마와 치유 행동에 초점을 맞추고 있기 때문이다), 실험심리학에서는 종종 긍정적으로 평가된다는 사실에 유의하라. For views of forgetting as a necessary and beneficial function, see Benjamin C. Storm, "The Benefit of Forgetting in Thinking and Remembering," *Current Directions in Psychological Science 20*, no. 5 (2011): 291-295; Michael C. Anderson and Simon Hanslmayr, "Neural Mechanisms of Motivated Forgetting," *Trends in Cognitive Psychology* 18, no. 6 (2014): 279-292; Blake A. Richards and Paul W. Frankland, "The Persistence and Transciences of Memory," *Neuron* 94, no. 6 (2017): 1071-1084.

22. Shoshana Felman and Dori Laub, *Testimony: Crises of Witnessing in Literature, Psychoanalysis, and History* (New York: Routledge, 1992), 67.

23. 위의 책., 122-123.

24. Matthew Brunwasser, "A 21st-Century Migrant's Essentials: Food, Shelter, Smartphone," *New York Times*, Aug. 25, 2015, A1.

25. 『뉴욕타임스』는 2016년 캐나다에 막 도착한 시리아 난민들을 다룬 특집 연재 기사에서 과거의 삶에 너무 매인 나머지 제대로 눈도 붙이지 못하고 일상적인 일을 처리하지도 못하는 한 부부의 이야기를 소개했

다. 과거의 트라우마가 아니라, 남기고 떠나올 수밖에 없었던 사람들의 디지털 흔적이 이들 부부를 괴롭힌 것이다. Jodi Kantor and Catrin Einhorn, "What Does It Mean to Help One Family?" *New York Times*, Sept. 8, 2016.

26. Barbie Zelizer, *Remembering to Forget: Holocaust Memory through the Camera's Eye* (Chicago: University of Chicago Press, 1998).

27. Maggie Schauer, Frank Neuner, and Thomas Elbert, *Narrative Exposure Therapy: A Short-Term Treatment for Traumatic Stress Disorders*, 2nd ed. (Cambridge, MA: Hogrefe Publishing, 2011).

28. Sigmund Freud, "Remembering, Repeating and Working-Through," in *The Standard Edition of the Complete Psychological Works of Sigmund Freud*, vol. 12, ed. J. Strachey (London: Hogarth Press, 1994), 151.

29. Jorge Luis Borges, "Funes the Memorious," in *Labyrinths: Selected Stories and Other Writings* (New York: New Directions, 1964), 63-64.

30. Sigmund Freud, "Childhood and Concealing Memories," in *Psychopathology of Everyday Life*, trans. A. A. Brill (New York: Macmillan, 1915), 63.

31. 일부 분야에서 프로이트의 이론이 널리 수용되고 있지만, 그의 억압 개념은 여전히 보편적으로 받아들여지지는 않는다. 2006년 발표한 억압에 관한 논문에서 매튜 에르데이Matthew Erdelyi는 심리학자들이 억압을 "정신생활에서 확실히 일어나는 사실인지 아니면 완전히 근거 없는 (그리고 위험하기까지 한) 신화인지 확신하지 못한다"라고 밝혔다. 에르데이는 자신의 실험실 연구와 임상 연구 모두에서 사람들이 특정 기억에 신경 쓰는 동안 다른 기억을 일부 잊어버린다는 사실이 입증되었다

는 점을 들어 억압이 실제 존재한다고 주장했다. Matthew Hugh Erde-lyi, "The Unified Theory of Repression," *Behavioral and Brain Science* 29, no. 5 (2006): 499-511. Two articles critiquing Erdelyi's work appeared in the same issue of the journal; see Simon Boag, "Can Repression Become a Conscious Process?" and Harlene Hayne, Maryanne Garry, and Elizabeth F. Loftus, "On the Continuing Lack of Scientific Evidence for Repression," *Behavioral and Brain Science* 29, no. 5 (2006): 513-514, and 521-522. For a more extended argument against the concept of repression, see Lawrence Patihis, Scott O. Lilienfeld, Lavina Y. Ho, and Elizabeth F. Loftus, "Unconscious Repressed Memory Is Scientifically Questionable," *Psychological Science*, 25, no. 10 (2014): 1967-1968.

32. Donna J. Bridge and Joel L. Voss, "Hippocampal Binding of Novel Information with Dominant Memory Traces Can Support Both Memory Stability and Change," *Journal of Neuroscience* 34 no. 6 (2014): 2203-2213.

33. Freud, "Childhood and Concealing Memories," 64.

34. 유년기 기억 상실이 모든 세대에서 발생한다는 증거가 늘고 있다. 그 예로 2005년 한 연구에서 6~9살 아이들의 기억을 조사한 결과 이들은 10~12살 아이들보다 더 어렸을 때 일을 기억해 낼 수 있었지만, 기억해 낸 일의 구조나 (기억이 개인적인 것인지 다른 구성원이 경험한 것인지 등의) 사회적 성향, 본질 등 그 밖의 부분에서는 차이점이 거의 없는 것으로 나타났다. Carole Peterson, Valerie V. Grant, and Lesley D. Bo-land, "Childhood Amnesia in Children and Adolescents: Their Earliest

Memories," *Memory* 13, no. 6 (2005): 622–637.

35. Arnold van Gennep, *The Rites of Passage*, trans. Monika B. Vizedom and Gabrielle L. Caffee (New York: Routledge, 2004), 81.

36. European Commission, Factsheet on the "Right to be Forgotten" Ruling (C-131 / 12), https://www.inforights.im/media/1186/cl_eu_commission_factsheet_right_to_be-forgotten.pdf. 법률 서적, 특히 "잊힐 권리"라는 표현이 포함된 EU의 일반개인정보보호법에 관한 서적이 다수 출간된 것 외에는 뜻밖에도 디지털 망각과 관련된 저술이 별로 없다. 디지털 망각을 가장 포괄적으로 소개한 책으로는 빅토어 마이어 쇤베르거의『잊혀질 권리: 디지털 시대의 원형 감옥, 당신은 자유로운가?』 (지식의날개, 2011)를 꼽을 수 있다.

1장 SNS 시대, 아이들에게 열린 새로운 세상

1. Philippe Ariès, *Centuries of Childhood: A Social History of Family Life*, trans. Robert Baldick (New York: Vintage, 1962); Jenifer Neils and John H. Oakley, *Coming of Age in Ancient Greece: Images of Childhood from the Classical Past* (Hanover, NH: Hood Museum of Art, 2003).

2. 필립 아리에스는 17세기에 이르러서야 아이들이 가족 초상화의 중심에 자리하기 시작했다고 지적했다. (*Centuries of Childhood*, 46-47).

3. 아리에스는『아동의 탄생*Centuries of Childhood*』에서 유년기라는 개념이 16세기 초반에 처음 출현했다고 주장했다가 크게 비판받았다. 상당수

의 비평가들이 아리에스의 방법론적 오류를 언급했고, 그 밖의 비평가들은 그가 사회적 계층의 차이를 간과했다고 지적했다. 로렌스 스톤Lawrence Stone은 "아리에스의 저서는 사실 프랑스 학교와 중상류층 가정의 역사를 다루었으며, 그 내용에는 시간과 장소, 계층, 문화라는 간과해서는 안 될 역사적 맥락이 빠져 있다. 대단히 흥미롭고 선구적인 저서이긴 하지만, 이제는 방법론과 결론 모두 심각한 결함을 안고 있는 것으로 평가된다"라고 비판했다. Stone, "The Massacre of the Innocents," *New York Review of Books*, Nov. 14, 1974.

4. Cecile M. Jagodzinski, *Privacy and Print: Reading and Writing in Seventeenth-Century England* (Charlottesville: University Press of Virginia, 1999), 12.

5. Elizabeth Eisenstein, *The Printing Press as an Agent of Change: Communications and Cultural Transformations in Early Modern Europe* (Cambridge: Cambridge University Press, 1979), 431.

6. Michel Foucault, *Discipline and Punish*, trans. Alan Sheridan (New York: Vintage, 1977), 192.

7. Helmut Gernsheim and Alison Gernsheim, *The History of Photography: From the Camera Obscura to the Beginning of the Modern Era* (New York: McGraw-Hill, 1969), 119, 234.

8. 위의 책., 234.

9. 사망한 유아들도 종종 사진에 찍혔다. 실제로 19세기에는 유아와 어린이의 검시 사진을 찍는 것이 일반적인 관행이었다. See Beth Ann Guynn, "Postmortem Photography," in *Encyclopedia of Nineteenth-Cen-*

tury Photography, ed. John Hannavy (New York: Routledge, 2008), 1165.

10. 『코다커리, 아마추어 사진가들을 위한 잡지*Kodakery, A Magazine for Amateur Photographers*』는 1913년 처음 등장했다. 이 책에는 Canadian Kodak, Co., Limited가 토론토에서 발간한 판본을 인용했다.

11. Todd Gustavson, *Camera: The History of Photography from Daguerreotype to Digital* (New York: Sterling Innovation, 2009), 140 (quotation), 162.

12. 이스트먼은 언젠가 직원들에게 "일하는 시간에 무엇을 하느냐에 따라 우리 소유가 결정되고, 여가 시간에 무엇을 하느냐에 따라 우리가 누구인지 결정된다"고 말했다. 이 말은 이스트먼이 놀이를 가치 있게 여겼을 뿐 아니라 놀이가 귀중한 자원이 될 수 있다고 생각했다는 사실을 보여 준다. See Elizabeth Brayer, *George Eastman: A Biography* (Rochester, NY: University of Rochester Press, 2006), 346.

13. 브라우니는 단순히 성공한 카메라 모델이 아니라 창의적 마케팅 접근 방식의 전형을 보여 준 사례다. 이스트먼 코닥은 제품 크기를 줄이고 색상을 다양화하는 게 중요하다는 사실을 일찌감치 깨달았다. 1957년형 브라우니 스타플래시*Starflash* 콤팩트 카메라는 애플 아이팟과 아이폰처럼 검정, 빨강, 흰색, 파랑 외에 코카콜라 테마 한정판까지 다양한 색상으로 출시됐다. Gustavson, *Camera*, 153.

14. Gustavson, *Camera*, 153.

15. Hazen Trayvor, " 'Step-in' Pictures," *Kodakery* 10, no. 8 (June 1923), 5.

16. "The School Bell," *Kodakery* 10, no. 12 (Oct. 1923), 5.

17. Sigmund Freud, "Screen Memories," in *The Standard Edition of the Complete Psychological Works of Sigmund Freud*, vol. 6, ed. J. Strachey (London:

Hogarth Press, 1960), 43–52.

18. Gustavson, *Camera*, 142.

19. U.S. Department of Labor, Bureau of Labor Statistics, "Union Scale of Wages and Hours of Labor, 1907 to 1912," *Bulletin of the United Sates Bureau of Labor Statistics* 131, Aug. 15, 1913, https://fraser.stlouisfed.org/files/docs/publications/bls/bls_0131_1913.pdf.

20. 초창기 아동용 카메라 중 엔선 미키 마우스Ensign Mickey Mouse 카메라 (1935년경 출시)나 아이디얼 토이 코퍼레이션Ideal Toy Corporation의 쿠키 카메라Kookie Kamera 등 일부 제품은 현상 키트가 딸려 있었다. Gustavson, *Camera*, 162–163.

21. Quoted in Eric Zorn, "Reeling Off America at Its Weirdest," *Chicago Tribune*, Jan. 13, 1986, A1.

22. Monique Mattei Ferraro and Eoghan Casey, *Investigating Child Exploitation and Pornography: The Internet, the Law and Forensic Science* (New York: Elsevier, 2005), 14.

23. Gustavson, *Camera*, 306.

24. Peter Buse, *The Camera Does the Rest: How Polaroid Changed Photography* (Chicago: University of Chicago Press, 2016), 31.

25. 위의 책., 31, 34 (quotation).

26. 위의 책., 7.

27. 폴라로이드 카메라의 역사를 다룬 책에서 크리스토퍼 보나노스Christopher Bonanos는 폴라로이드 카메라가 동성애나 페티시 문화를 묘사한 이미지, 아동 포르노 등 다른 방법으로는 검열을 당할 수도 있는 것을 기

록하는 데 사용됐다는 증거가 있다고 지적했다. Bonanos, *Instant: The Story of Polaroid* (New York: Princeton Architectural Press, 2012), 73.

28. Buse, *The Camera Does the Rest*, 69.

29. 위의 책., 103.

30. 위의 책., 31.

31. 아프리카계 미국인 홈 비디오 보관소(http://aahma.org/)처럼 특정한 분야에 주안점을 두고 중앙집중식 홈 비디오 데이터베이스를 구축한 곳이 있는가 하면, 매사추세츠 주립대학교 로웰 캠퍼스의 홈 비디오 보관소(http://libguides.uml.edu/UMLHomeMovieArchive)처럼 여러 종류의 수집품을 모두 소장한 곳도 있다.

32. 올리버 스톤 감독의 1991년 작《JFK》는 기억이나 회상 장면을 나타내기 위해 다양한 매체가 사용된 사례를 보여 준다.

33. Patricia R. Zimmermann, "Introduction," in *Mining the Home Movies: Excavations in Histories and Memories*, ed. Karen L. Ishizuka and Patricia R. Zimmermann (Berkeley: University of California Press, 2008), 22.

34. Patricia R. Zimmermann, *Reel Families: A Social History of Amateur Film* (Bloomington: Indiana University Press, 1995), 153.

35. Frederick T. Hollowell, " 'Love by Proxy': The First Amateur Motion Picture Production," *Amateur Movie Makers* 1, no. 1 (Dec. 1926): 16.

36. 1923년 시네 코닥 모델A 카메라와 삼각대, 필름 조정기, 영사기와 스크린까지 포함된 세트 가격이 125달러였다. Libby Bischof, "A Region Apart," in *Amateur Movie Making: Aesthetics of the Everyday in New England Film, 1915-1960*, ed. Martha J. McNamara and Karan Sheldon

(Bloomington: University of Indiana Press, 2017), 42.

37. Quoted in Zimmermann, *Reel Families*, 134.

38. Zimmermann, Reel Families, 134.

39. Gerald Stanley Lee, "Slow Movies for Quick People," *Amateur Movie Makers* 2, no. 2 (Feb. 1927): 99.

40. Zoe Beloff in conversation with Niels Van Tomme, "Dreamland: The Intimate Politics of Desire," *Art Papers* (July / Aug. 2010): 31.

41. Zimmermann, *Reel Families*, 113.

42. David Buckingham, Rebekah Willett, and Maria Pini, *Home Truths? Video Production and Domestic Life* (Ann Arbor: University of Michigan Press, 2011), 9-10.

43. 미디어 연구 학자 수산나 파스넨Susanna Paasnen은 비디오카메라와 비디오 카세트가 집에서 찍는 포르노 제작 환경을 완전히 바꿔 놓으면서 "아마추어 포르노의 첫 물결"이 일어났다고 주장했다. 그리고 디지털 이미지 생산 기술은 1990년대와 2000년대 아마추어 포르노 제작을 새로운 방향으로 이끌었다. Paasonen, *Carnal Resonance: Affect and Online Pornography* (Cambridge, MA: MIT Press, 2011), 72.

44. Steven A. Booth, "Electronics," *Popular Mechanics* (May 1987): 60.

45. Sadie Benning, *Me & Rubyfruit* (1989).

46. Stephen Hayman, "Photos, Photos Everywhere," *New York Times*, July 29, 2015.

47. See Rose Eveleth, "How Many Photographs of You Are Out There in the World?" *Atlantic*, Nov. 2, 2015.

48. 이 책은 거의 전적으로 북미와 유럽의 사례만 다루고 있는데, 이는 디지털 기술이 전 세계 모든 지역에서 동등하게 이용되고 있지 않다는 사실을 보여 준다. 2017년 유엔아동기금UNICEF 보고서에 따르면 유럽 15~24세 청소년들의 인터넷 이용률은 96퍼센트에 달한 반면, 아프리카 청소년들의 인터넷 이용률은 40퍼센트에 그쳤다. 전체적으로 보면 18세 미만 청소년은 전 세계 인터넷 이용자의 3분의 1을 차지한다. 또 전 세계 인구의 평균 인터넷 이용률이 48퍼센트인데 비해 청소년은 71퍼센트에 달해 전체 연령층 중에 이용률이 가장 높다. United Nations Children's Fund (UNICEF), "Children in a Digital World," The State of the World's Children 2017, "Key Messages," p. 1, https:// www.unicef.org/publications/files/SOWC_2017_ENG _WEB.pdf.

49. See Patricia G. Lange and Mizuko Ito, "Creative Production," in *Hanging Out, Messing Around, and Geeking Out*, ed. Mizuko Ito, Sonja Baumer, Matteo Bittanti, et al. (Cambridge, MA: MIT Press, 2010), 291.

2장 망각에는 치유하는 힘이 있다

1. European Commission, Factsheet on the "Right to be Forgotten" Ruling (C-131 / 12), https://www.inforights.im/media/1186/cl_eu_commission_factsheet_right_to_be-forgotten.pdf.

2. Viviane Reding, "The EU Data Protection Reform 2012: Making Europe the Standard Setter for Modern Data Protection Rules in the

Digital Age," address given at the Innovation Conference Digital, Life, Design, Munich, Jan. 22, 2012, http://europa.eu/rapid/press-release_ SPEECH-12-26_en.htm.

3. 유럽연합의 일반개인정보보호법 38조에는 다음과 같은 문구가 포함 되어 있다. "아동은 개인정보 처리와 관련된 위험 요인, 결과, 보호 조 항과 자기 권리에 대한 인식이 부족할 수 있으므로 자신의 개인정보에 관해 특별한 보호를 받을 필요가 있다. 이 특별 보호는 특히 마케팅 목 적 또는 성격 프로필이나 사용자 프로필 생성을 위한 아동의 개인정보 사용과, 아동에게 직접 제공되는 서비스 사용 시 아동과 관련된 개인 정보의 수집에 적용돼야 한다. 친권 소유자의 동의 없이 아동에게 직 접 예방 및 상담 서비스를 제공할 수 있다." See "Regulation (EU) 2016 / 679 of the European Parliament and of the Council of 27 April 2016 on the Protection of Natural Persons with Regard to the Processing of Personal Data and on the Free Movement of Such Data, and Repealing Directive 95 / 46 / EC," https://eur-lex.europa.eu/legal-content/EN/ TXT/PDF/?uri=CELEX: 32016 R0679&from =EN.

4. California Business and Professional Code section 22580, SB-568, Privacy: Internet: minors (2013-2014), http://leginfo.legislature.ca.gov / faces/codes_displaySection.xhtml?lawCode=BPC&sectionNum =22580.

5. Sonia Livingstone, "Children's Privacy Rights Are Prominent in the Data Protection Bill but There's Many a Slip...," Media Policy Project blog post, London School of Economics and Political Science, Aug. 14, 2017, http://blogs.lse.ac.uk/mediapolicyproject/2017/08/14/childrens-

privacy-rights-are-prominent-in-the-data-protection-bill-but-theres-many-a-slip/.

6. 일례로 20세기 후반 캐나다에서 원주민 아동을 위해 오랫동안 유지해 온 기숙학교 제도를 마감하는 것은 이 학교들에서 일어난 잔혹 행위를 외면하고 과거 영국 식민지 시절의 역사를 잊는 편리한 방편이다. 마찬가지로 미국에서도 집단적 형태의 망각은 정책 입안자로 하여금 노예 제도의 잔재가 사회적·경제적 격차를 지속해서 초래하는 문제를 회피하게 했다. 집단 망각은 일반적으로 집단 기억의 반의어로 간주되지만, 나흐만 벤 예후다Nachman Ben-Yehuda는 두 개념이 "역사적 사실과 사건의 취사선택이라는 동일한 과정에서 비롯된 결과물"이라고 주장했다. Ben-Yehuda, *Masada Myth: Collective Memory and Mythmaking in Israel* (Madison: University of Wisconsin Press, 1995), 302.

7. Friedrich Nietzsche, *On the Genealogy of Morality*, trans. Carole Diethe (Cambridge: Cambridge University Press, 2006), 35, 36.

8. Frederic C. Bartlett, *Remembering: A Study in Experimental and Social Psychology* (London: Cambridge University Press, 1932), 15.

9. Michael C. Anderson and Simon Hanslmayr, "Neural Mechanisms of Motivated Forgetting," *Trends in Cognitive Sciences* 18, no. 6 (2014): 279.

10. Benjamin C. Storm, "The Benefit of Forgetting in Thinking and Re-membering," *Current Directions in Psychological Science*, 20, no. 5 (2011): 294-295.

11. Antoinette Rouvroy, "Reinventer l'art d'oublier et de se faire oublier dans la société de l'information?" in *La sécurité de l'individu numérisé.*

Réflexions prospectives et internationales, ed. Stéphanie Lacour (Paris: L'Harmattan, 2008), 249-278, available at https://works.bepress.com/antoinette_rouvroy/5/(translation my own, emphasis in the original).

12. "생의 마지막을 대비하는 서비스" 데드소셜(DeadSocial)에 대한 더 많은 정보를 알고 싶다면 홈페이지 http://deadsocial.org/를 참조하라.

13. EU의 일반개인정보보호법에 대한 더 많은 정보를 알고 싶다면 민간 정보 포털 https://eugdpr.org/eugdpr.org.html.을 참조하라.

14. Bert-Jaap Koops, "Forgetting Footprints, Shunning Shadows: A Critical Analysis of the 'Right to Be Forgotten' in Big Data Practice," *SCRIPTed* 8, no. 3 (2011): 234, 254.

15. 하워드 라인골드Howard Rheingold는 『가상 공동체-전자 개척지에 정착하기』 *The Virtual Community: Homesteading on the Electronic Frontier* 』 초판 서문에서 다음과 같이 처음 언급했다. "단일한 온라인 하위문화 따위는 없다. 그보다는 일부는 허접스럽고 일부는 진지한 하위문화가 모인 생태계에 가깝다. 최신 과학 담론이 가상 공동체로 이동하고 있다. (…) 이와 함께 활동가와 교육개혁가들이 동일한 미디어를 정치적 도구로 사용하고 있다. 가상 공동체를 이용해 데이트 상대를 찾거나, 잔디 깎는 기계를 팔거나, 소설을 출간하거나, 회의를 주관할 수도 있다. 어떤 이들은 가상 공동체를 심리치료의 형태로 활용하고, 또 다른 이들은 (…) 일주일에 80시간 이상을 가상 공동체에 매달려 자신이 다른 사람인양 행동하면서 컴퓨터 밖에서는 존재하지 않는 삶을 살아간다." Rheingold, *The Virtual Community: Homesteading on the Electronic Frontier* (Reading, MA: Addison-Wesley, 1993); available at http://www.rheingold.com/vc/

book/intro.html.

16. 당초 매리 플래너건Mary Flanagan과 오스틴 부스Austin Booth가 편집주간을
맡아 2002년 MIT 대학 출판부에서 펴낸 논문집『재장전-사이버 공간
에서 여성의 존재를 다시 생각하다Reload: Rethinking Women in Cyberspace』에 이
연구 내용을 게재할 예정이었지만, 윤리적인 우려 때문에 결국 철회했
다. 나는 이 청소년들의 웹사이트에 대해 쓰는 것이 윤리적인지 오랫
동안 고민해 왔다. 그들이 남긴 글에 관해 쓴다면 그 글들은 공적인 것
일까 사적인 것일까? 아니면 내가 이들의 사적인 공간을 들여다보는
것일까? 내 연구는 누군가 침실에서 나누는 대화를 허락 없이 엿듣는
것에 가까울까, 아니면 누군가가 발표하고 공개적으로 밝힌 생각을 분
석하는 것에 더 가까울까? 20년이 지난 지금은 이 같은 우려가 우스꽝
스럽게 들릴 수도 있지만, 당시 '인터넷 연구'라고 불린 분야에 뛰어든
많은 연구자에게는 심각한 문제였다. 연구 대상 보호에 관한 이 윤리
적 우려들은 인터넷 커뮤니티 초창기에 사생활 관련 문제가 얼마나 혼
란스럽게 얽혀 있었는지를 보여 주기도 한다.

17. Sherry Turkle, *Life on the Screen: Identity in the Age of the Internet* (New
York: Simon and Schuster, 1995), 177.

18. 위의 책., 10.

19. See Rheingold, *The Virtual Community*.

20. Turkle, *Life on the Screen*, 10, 11.

21. 초창기 온라인 커뮤니티조차 물질세계와 전적으로 무관하지 않다는
사실이 점점 더 명백해지면서, 터클의 초기 연구는 가상 세계와 현실
세계라는 그릇된 이분법을 강화한다는 비판을 받았다. 그러나 출간 당

시 기준으로 보면 『스크린 위의 삶』은 새로 등장한 가상 공간과 이른바 현실 세계의 관계에 대해 널리 공유되던 인식을 제대로 포착했다.

22. Erik H. Erikson, *Childhood and Society*, 2nd ed. (New York: Norton, 1963), 262-263.

23. Turkle, *Life on the Screen*, 203.

24. 이는 대부분의 공동체에 해당하는 말이지만, 실험하고 '일탈' 행동을 저지를 때 일부 청소년이 다른 청소년보다 훨씬 더 큰 대가를 치르게 된다는 사실을 지적할 필요가 있다. 백인 청소년이 가게에서 옷을 하나 훔치는 등 경미한 범죄를 저질렀을 때 가혹한 처벌을 받는 경우는 드물다. 반면 흑인 청소년이 옷을 훔치다 붙잡히면 위법 행위로 인한 영향이 평생 따라다닐 가능성이 훨씬 크다. 미국 흑인인권단체인 전미유색인지위향상협회NAACP에 따르면 사법당국에 체포되는 아동의 32퍼센트, 구류 처분을 받는 아동의 42퍼센트, 형사 법정에서 소년법 적용이 기각돼 성인 법정의 판결을 받는 아동의 52퍼센트가 아프리카계 미국인이다. NAACP, Criminal Justice Factsheet, http://www.naacp.org/criminal-justice-fact-sheet.

25. Erik Erikson, *Identity: Youth and Crisis* (New York: Norton, 1968), 157.

26. Turkle, *Life on the Screen*, 203.

27. 위의 책., 204.

28. Erikson, *Childhood and Society*, 263.

29. 이 같은 추세는 2012년 무렵 이미 확고히 자리를 잡았다. 그해 『하버드 비즈니스 리뷰Harvard Business Review』는 "미래 고용주가 인터넷에서 당신을 지켜보고 있다. 당신 역시 그래야 한다"는 불길한 제목의 글을 실

었다. 작가인 마이클 퍼틱Michael Fertik은 "이미 채용 담당자들과 인사 부서장들은 입사 지원자 조사 과정에서 인터넷에 크게 의존하고 있다. 다수의 조사 결과 고용주의 75퍼센트가 지원자가 인터넷에 남긴 흔적을 적극 조사하고 있으며, 70퍼센트는 인터넷에서 찾아낸 내용을 바탕으로 지원자를 채용하지 않기로 결정한 적이 있다. 채용 담당자들은 단순히 인터넷 검색 사이트만 보는 게 아니라, 소셜 미디어 프로필이나 쇼핑 내역, 온라인 게임 사이트, (이베이나 크레이그리스트 같은) 항목별 광고나 경매 사이트, 심지어는 세컨드 라이프 같은 가상 세계 사이트까지 뒤지는 것으로 밝혀졌다." Fertik, "Your Future Employer Is Watching You Online. You Should Be, Too," *Harvard Business Review*, Apr. 3, 2012, https://hbr.org/2012/04/your-future-employer-is-watchi.

30. Natasha Singer, "New Item on College Admission Checklist: LinkedIn Profile," *New York Times*, Nov. 5, 2016, BU6.

31. Viktor Mayer-Schonberger, *Delete: The Virtue of Forgetting in the Digital Age* (Princeton: Princeton University Press, 2009), 172.

32. danah boyd, *It's Complicated: The Social Lives of Networked Teens* (New Haven: Yale University Press, 2014), 64.

33. 2014년부터 스냅챗 사용자들이 스냅을 저장할 수 있게 해 주는 스냅세이브드Snapsaved 같은 서드파티 앱이 등장했다. 스냅세이브드는 대체로 환영받았지만, 공격을 받기도 했다. 2014년 약 20만 건의 스냅이 해킹되는 사건이 발생했을 때 스냅세이브드가 원인을 제공했다는 비난이 일었고, 결국 스냅세이브드는 다크웹으로 옮겨 간 것으로 추정된

다. Caitlin Dewey, "The Snappening Is Not a Hoax," *Washington Post*, Oct. 4, 2014.

34. Franziska Roesner, Brian T. Gill, and Tadayoshi Kohno, "Sex, Lies, or Kittens? Investigating the Use of Snapchat's Self-Destructing Messages," in *Financial Cryptography and Data Security*, ed. Sarah Meiklejohn and Kazue Sako (New York: Springer, 2014), 67.

35. boyd, *It's Complicated*, 64.

36. 스냅챗의 '무제한' 설정은 2017년 5월 9일 도입됐다. https://www .snap.com/en-US/news/post/limitless-snaps.

37. Susan Stewart, *On Longing: Narratives on the Miniature, the Gigantic, the Souvenir, the Collection* (Durham, NC: Duke University Press, 1993), 167.

3장 멀티 스크린 시대, 기억은 어떻게 재구성되는가

1. Anita Gates, "Gary Coleman, 'Diff'rent Strokes' Star, Dies at 42," *New York Times*, May 28, 2010, A23.

2. Associated Press, "Dana Plato, 34, Star of 'Diff'rent Strokes,'" *New York Times*, May 10, 1999; Virginia Heffernan, "Revealing the Wages of Young Sitcom Fame," *New York Times*, Sept. 4, 2006.

3. Todd Bridges with Sarah Tomlinson, *Killing Willis: From Diff'rent Strokes to the Mean Streets to the Life I Always Wanted* (New York: Simon and Schuster, 2011).

4. 어린이 연기자에 관한 뉴욕주 노동국 조례(https://labor.ny.gov/worker-protection/laborstandards/secure/child_index.shtm)와 뉴욕, 캘리포니아, 루이지애나, 뉴멕시코 등 4개 주에서 시행 중인 '쿠건법Coogan Law'(https://www.sagaftra.org/membership-benefits/young-performers/coogan-law/coogan-law-full-text) 참고.

5. 쿠건법이 시행되고 있는 주에서 어린이 소셜 미디어 스타의 모든 영리 활동은 법의 적용을 받지만, 상당히 모호한 부분이 있다. 역사적으로 어린이 연예인은 노동자로 간주되어 왔지만, 어린이·청소년 소셜 미디어 스타는 기술적으로 노동자가 아니기 때문이다. 2017년 뉴욕타임스 기자가 캘리포니아주에서 활동 중인 한 변호사에게 쿠건법이 어린이 소셜 미디어 스타들에게 적용되는지 묻자 "이 부분은 미지의 영역"이라는 답이 돌아왔다. Katherine Rosman, "Why Isn't Your Toddler Paying the Mortgage?" *New York Times*, Sept. 27, 2017.

6. Ian Austen, "2 Survivors of Canada's First Quintuplet Clan Reluctantly Re-emerge," *Globe and Mail*, Apr. 3, 2017, A1.

7. Sarah J. Schoppe-Sullivan, Jill E. Yavorsky, Mitchell K. Bartholomew, et al., "Doing Gender Online: New Mothers' Psychological Characteristics, Facebook Use, and Depressive Symptoms," *Sex Roles* 76, no. 5-6 (2017): 276.

8. Parent Zone, "Today's Children Will Feature in Almost 1,000 Online Photos by the Time They Reach Age Five," Nominet, May 26, 2015, https://www.nominet.uk/todays-children-will-feature-in-almost-1000-online-photos-by-the-time-they-reach-age-five/.

9. Mott Poll Report, "Parents on Social Media: Likes and Dislikes of Sharenting," National Poll on Children's Health, C. S. Mott Children's Hospital, University of Michigan, Mar. 16, 2015, https://mottpoll.org/sites/default/files/documents/031615_sharenting_0.pdf.

10. 위의 책.

11. Jesse Mab-Phea Hill, "Shitty Day," Parenthood: The Struggle blog, https://parenthoodthestruggle.wordpress.com/2017/05/20/shitty-day/.

12. 바인은 2012년 설립된 영상 호스팅 사이트로, 2015년 사용자가 2억 명에 육박했다. 2016년 갑자기 운영을 중단했지만, 콘텐츠들은 계속 접속이 가능하다. 바인에 올려진 영상들은 바인 사이트와 페이스북이나 트위터 같은 다른 소셜 미디어 사이트를 통해 확산됐다.

13. Brian Feldman, "Who Is Gavin? And Why Has He Taken Over Twitter?" *New York Magazine* Intelligencer, Aug. 12, 2016, http://nymag.com/selectall/2016/08/meet-gavin-the-five-year-old-meme-star.html.

14. Helin Jung, "What It's Really Like to Be a Yelp Celebrity When You're Not Even 2 Years Old," *Cosmopolitan* Cosmo Bites, June 22, 2015, http://www.cosmopolitan.com/food-cocktails/a42238/foodbaby-is-living-the-dream/.

15. Simon Nørby, "Why Forget? On the Adaptive Value of Memory Loss," *Perspectives on Psychological Science* 10, no. 5 (2015): 553, 554.

16. Benoit Denizet-Lewis, "Following Christian Leave: The Strange Life of a Teen Social Media Celebrity," *Rolling Stone*, Dec. 8, 2015, http://

www.rollingstone.com/culture/features/can-a-kid-from-texas-survive-the-new-rules-of-teen-celebrity-20151208.

17. 프레스플레이의 특별 출연자는 계속 바뀌지만, 언제나 젊은 여성보다 젊은 남성이 더 많다. 보통 라이브 행사 특별 공연자의 85~100퍼센트가 남성이다. 반면 프레스플레이 홈페이지에 올라온 사진들을 보면 '팬들'은 거의 대부분 사춘기 소녀들이다. 프레스플레이 홈페이지 (http://pressplay.co/talent/) 참고.

18. Taylor Lorenz, "Raising a Social-Media Star," *Atlantic*, Jan. 17, 2018.

19. 위의 책.

20. 사이버 폭력의 개념은 21세기 첫 10년 사이에 온라인 집단 따돌림 사건이 몇 차례 발생한 뒤부터 통용되기 시작했다. 보통 어린이나 청소년이 또래들에게 정신적으로나 육체적으로 학대를 당하는 상황을 지칭하는 '따돌림bullying'이라는 단어처럼 '사이버 폭력cyberbullying' 역시 일반적으로 또래들이 저지르는 학대 행위를 지칭할 때 사용되는 단어인데, 차이라면 고립시키고 강요하는 행위(피해자를 망신시킬 의도로 이미지나 영상을 돌려보는 행동)가 인터넷상에서 일어난다는 점이다. 2000년 이후 사이버 폭력이 점점 만연하는데, 주로 이 시기에 청소년들이 디지털 기기를 많이 갖게 되었기 때문이다. 2017년에는 고교생의 약 15퍼센트가 최근 12개월 사이에 어떤 식으로든 전자적인 형태로 따돌림을 경험했다고 응답했다. 미국 질병통제예방센터CDC의 '따돌림 예방' 특집 코너 (https://www.cdc.gov/features/prevent-bullying/index.html) 참고.

21. 기슬레인 라자는 몇 년 동안 신분을 숨기려고 애써 왔지만, 법대생이

던 20대 때 일련의 사이버 폭력 사건이 자살로 이어지는 것을 목격한 뒤 자신의 신분을 문제의 영상과 연관 짓기로 결심했다. 그러므로 이 장에서는 그의 전체 이름을 밝혀 둔다.

22. Amy Harmon, "Compressed Data; Fame Is No Laughing Matter for the 'Star Wars Kid,'" *New York Times*, May 19, 2003.

23. "Star Wars Kid Files Lawsuit," *Wired*, July 24, 2003.

24. Jasmine Garsd, "Internet Memes and 'The Right to Be Forgotten,'" All Tech Considered, NPR, Mar. 3, 2015, http://www.npr.org/sections/alltechconsidered/2015/03/03/390463119/internet-memes-and-the-right-to-be-forgotten.

25. danah boyd, *It's Complicated: The Social Lives of Networked Teens* (New Haven: Yale University Press, 2014), 146.

26. "Ten Years Later, 'Star Wars Kid' Speaks Out," *MacLean's*, May 9, 2013, http://www.macleans.ca/education/uniandcollege/10-years-later-star-wars-kid-speaks-out/.

27. 사이버 폭력과 자살 사이의 연결 고리는 명확하다. 다음을 보라. Robin M. Kowalski, Gary W. Giumetti, Amber N. Schroeder, and Micah R. Lattanner, "Bullying in the Digital Age: A Critical Review and Meta-Analysis of Cyberbullying Research among Youth," *Psychological Bulletin* 140, no. 4 (2014): 1073-1137; Sameer Hinduja and Justin W. Patchin, "Bullying, Cyberbullying, and Suicide," *Archives of Suicide Research* 14, no. 3 (2010): 206-221; Anat Brunstein Klomek, Frank Marrocco, Marjorie Kleinman, et al., "Peer Victimization, Depression, and

Suicidality in Adolescents," *Suicide and Life-Threatening Behavior* 38, no. 2 (2008): 166-180. 젠더는 사이버 폭력에 영향을 미친다. 젊은 여성들은 사이버 스토킹(전자적 통신수단을 이용해 상대방에게 반복적으로 위협 메시지를 보내며 스토킹하는 일)과 원하지 않는 섹스팅(허락 없이 타인의 노출 사진을 퍼뜨리는 일)의 피해자가 될 가능성이 더 크다. 다음을 보라. Allyson L. Dir, Ayca Coskunpinar, Jennifer L. Steiner, and Melissa A. Cyders, "Understanding Differences in Sexting Behaviors across Gender, Relationship Status, and Sexual Identity, and the Role of Expectancies in Sexting," *Cyberpsychology, Behavior, and Social Networking* 16, no. 8 (2013): 568-574.

28. 사진을 이용한 괴롭힘이 직접적인 원인이 된 여성의 자살률이나 자살자 수에 관한 통계 자료는 찾지 못했다. 분명한 사실은 파슨스 사건이 특이한 사례가 아니라는 것이다. 2013년 그녀가 목숨을 끊은 뒤로 사진을 이용한 괴롭힘이 주된 원인으로 보이는 자살 사건이 몇 차례 더 세상을 떠들썩하게 했다. 그중에는 언론의 대대적인 관심을 받은 이탈리아 사건도 있었다(2016년 9월 16일 BBC 뉴스, '티지아나 칸토네, 수년에 걸쳐 온라인에서 모욕당한 끝에 목숨을 던진 사건에 이탈리아 충격에 빠져', https://www.bbc.com/news/world-europe-3738070). 언론의 관심 부족과 들쭉날쭉한 법체계로 '합의에 의한 포르노' 촬영이 어떤 사법관할구역에서는 합법이고 다른 곳에서는 불법인 상황이다. 이로써 사진을 이용한 괴롭힘과 자살의 관계를 규명하려는 시도를 더욱 어렵게 만들고 있다.

29. 미국 질병 관리 센터CDC에 따르면 미국에서 소비되는 술의 11퍼센트

는 12~20살 청소년이 마시는 것으로 나타났다. 이들은 법적으로 허용되지 않는 나이임에도 술을 마실 뿐 아니라, 90퍼센트를 '폭음'의 형태로 소비한다(2016년 10월 20일 CDC 통계 자료-미성년자 음주, https://www.cdc.gov/alcohol/fact-sheets/underage-drinking.htm).

2017년 CDC 조사 결과 미국 여성의 7퍼센트가 미성년자 때 강간을 당한 적이 있다고 답했다. Sharon G. Smith, Jieru Chen, Kathleen C. Basile, et al., *The National Intimate Partner and Sexual Violence Survey, 2010-2012 State Report* (Atlanta: Centers for Disease Control and Prevention, 2017), 167, https://www.cdc.gov/violenceprevention/pdf/NIS-VS-StateReportBook.pdf.

30. 이 청년들은 결국 아동 포르노 유포 혐의로 기소됐지만, 폭행죄로는 기소되지 않았다. 독립 조사관 머리 시걸은 사건 조사 보고서에서 "아이러니하게도 (사건 현장을 담은 사진 증거처럼) 조사할 추가 정보가 없었더라면, 파슨스의 진술만으로 성폭행 혐의로 기소할 수 있었을 것"이라고 결론 내렸다. 2015년 10월 8일, 머리 시걸, 「레티예 파슨스 사건의 경찰 수사 및 기소 관련 독립 조사 보고서」(https://novascotia.ca/segalreport/Parsons-Independent-Review.pdf) 참고.

31. 위의 책., 40.

32. Silvan Tomkins, *Shame and Its Sisters: A Silvan Tomkins Reader*, ed. Eve Kosofsky Sedgwick and Adam Frank (Durham, NC: Duke University Press, 1995), 134-136.

33. 예를 들어, 레티예 파슨스 사건 당시 피해자는 두 번이나 전학을 했지만, 사건의 중심에 놓인 사진은 계속 그녀를 따라다녔다(Segal, "Inde-

pendent Review of the Police and Prosecution Response," 13).

34. David Cantor et al., *Report on the AAU Campus Climate Survey on Sexual Assault and Sexual Misconduct* (Rockville, MD: Association of American Universities, 2015), https://www.aau.edu/sites/default/files/AAU-Files/Key-Issues/Campus-Safety/AAU-Campus-Climate-Survey-FINAL-10-20-17.pdf. 보고서에 따르면 여성 중 3분의 1이 대학을 졸업하기 전까지 적어도 한 번은 동의 없는 성적 접촉을 경험했다.

35. 숀 스미스Shawn Michelle Smith와 샤론 슬리윈스키Sharon Sliwinski는 이론가들이 무의식을 설명하기 위해 시각적 비유에 의지해 온 역사는 길지만 "지그문트 프로이트는 이런 생각을 가장 먼저 직관적으로 받아들인 사람 중 하나로, 1900년부터 사진 촬영 과정을 무의식 개념에 대한 비유로 사용하기 시작했다"고 밝혔다. Smith and Sliwinski, "Introduction," in *Photography and the Optical Unconscious*, ed. Shawn Michelle Smith and Sharon Sliwinski (Durham, NC: Duke University Press, 2017), 1.

36. David L. Smith, "The Mirror Image of the Present: Freud's Theory of Retrogressive Screen Memories," *Psychoanalytische Perspectieven* 39 (2000): 7.

37. Sigmund Freud, "Screen Memories" (1899), facsimile edition, reprinted in *On Freud's "Screen Memories,"* ed. Gail S. Reed and Howard B. Levine (London: Karnac, 2015), 24.

38. 위의 책.

39. Phyllis Greenacre, *Trauma, Growth and Personality* (1952; repr., New York: International Universities Press, 1969), 191.

40. Gail S. Reed and Howard B. Levine, "Screen Memories: A Reintroduction," in *On Freud's "Screen Memories,"* ed. Reed and Levine, 29.

41. See in particular Lucy Lafarge, "The Screen Memory and the Act of Remembering," in *On Freud's "Screen Memories,"* ed. Reed and Levine, 36–57.

42. Freud, "Screen Memories," 7.

43. Donna J. Bridge and Joel L. Voss, "Hippocampal Binding of Novel Information with Dominant Memory Traces Can Support Both Memory Stability and Change," *Journal of Neuroscience* 34, no. 6 (2014): 2203–2213.

4장 끝까지 따라붙는 꼬리표

1. Nick Strayer, "The Great Out-of-State Migration: Where Students Go," *New York Times*, Aug. 26, 2016.

2. Joshua Meyrowitz, *No Sense of Place: The Impact of Electronic Media on Social Behavior* (New York: Oxford University Press, 1985), viii, 28, 5, 6.

3. 위의 책., vii.

4. Jodi Kantor and Catrin Einhorn, "What Does It Mean to Help One Family?" *New York Times*, Sept. 8, 2016.

5. Chia-chen Yang and B. Bradford Brown, "Motives for Using Facebook, Patterns of Facebook Activities, and Late Adolescents' Social Adjust-

ment to College," *Journal of Youth and Adolescence* 42, no. 3 (2013): 403-416.

6. Aristotle, *The History of Animals*, book 13: 16.

7. Peter Berthold, *Bird Migration: A General Survey*, 2nd ed. (Oxford: Oxford University Press, 2001), 12.

8. Mark R. Fuller and Todd K. Fuller, "Radio Telemetry Equipment and Applications for Carnivores," in *Carnivore Ecology and Conservation: A Handbook of Techniques*, ed. Luigi Boitani and Roger A. Powell (Oxford: Oxford University Press, 2012), 152.

9. Sam Howe Verhovek, "Ethical Issues Arise in Boom in Pet Microchips," *New York Times*, June 12, 1999.

10. 인간에게 꼬리표를 달거나 위치 추적 장치를 삽입하는 일은 지금까지 단 한 번도 널리 받아들여지지 않았지만, 이례적인 사례가 몇 번 있긴 했다. 먼저 (노예 신분인) 일부 사람들에게 낙인을 찍거나 문신을 새겼던 역사가 있다. 또한 1970년대에 미국의 형사 사법 제도는 가석방된 사람들을 감시하기 위해 전자 위치 추적 장치를 사용하기 시작했다. 이 같은 형태의 꼬리표 달기는 사생활 침해로 간주되기보다는 징역형 연장을 대신할 혁신적 대안으로 (수감 제도 개혁론자에게도) 종종 환영받았다. Barton L. Ingraham and Gerald W. Smith, "The Use of Electronics in the Observation and Control of Human Behavior and Its Possible Use in Rehabilitation and Parole," *Issues in Criminology* 7, no. 2 (1972): 35-53.

11. Dan Collins, "Florida Family Takes Computer Chip Trip," CBS News,

May 10, 2002, http://www.cbsnews.com/news/fla-family-takes-computer-chip-trip/.

12. Lev Grossman, "Meet the Chipsons," *Time*, Mar. 11, 2002, 56-57; Smith quoted in Julia Scheeres, "They Want Their Own ID Chips Now," *Wired*, Feb. 6, 2002, https://www.wired.com/2002/02/they-want-their-id-chips-now.

13. 한 예로 2017년 초 스웨덴의 한 스타트업이 출입문을 열거나 복사기 사용 같은 일상 업무를 처리할 때 필요한 마이크로칩을 직원들 몸에 이식하기 시작했다. Associated Press, "Cyborgs at Work: Swedish Employees Getting Implanted with Microchips," *The Telegraph*, Apr. 4, 2017. 칩 이식이 의무는 아니었지만 이를 독려하기 위해 사측은 칩 이식에 동의할 때마다 '칩 이식 파티chipping party'를 열어 줬다. 이 스타트업의 행동이 언론의 큰 주목을 받긴 했지만, 모든 평가가 긍정적이었던 것은 아니다. 뉴욕타임스는 (화장실 사용 시간 같은) 과도한 감시부터 새로운 해킹 수단의 대두까지 칩 이식이 미래에 초래할지도 모를 잠재적 문제를 상세히 지적했다. Maggie Astor, "Microchip Implants for Employees? One Company Says Yes," *New York Times*, July 27, 2017.

14. Hiawatha Bray, *You Are Here: From the Compass to GPS, the History and Future of How We Find Ourselves* (New York: Basic Books, 2014).

15. 2006년 뉴욕타임스에 실린 기사에서 데이비드 포그David Pogue는 자녀의 위치 추적에 대한 부모들의 관심에 대해 다음과 같이 지적했다. "솔직해질 필요가 있다. 우리는 몰래 위치 추적을 할 수 있는 기기를 무척이나 좋아한다. (…) 많은 부모가 그동안 자녀에게 그런 추적 장치를 다

는 상상을 종종 해 봤을 것이다. 공상과학 소설에나 등장할 법한 장치가, GPS 기술을 이용한 위성 기반 위치 추적이라는 발전된 '과학' 덕에 '공상'이란 꼬리표를 떼어 버리게 됐다. 최소한 5개 회사가 (…) 아이들이 기꺼이 들고 다닐 만한 물건에 GPS 위치 추적 장치를 집어넣는 데 성공했다. 바로 휴대폰 이야기다." Pogue, "Cellphones That Track Kids," *New York Times*, Dec. 21, 2006, C1.

16. 꼬리표 달기의 역사를 고려할 때 (자녀가 있는 가정을 위한 소비자용 위치 추적 장치를 개발해 인기를 모은) 트랙스*Trax* 같은 기업이 부모들과 반려동물 주인들에게 동일한 기술을 홍보했다는 사실은 나름 의미가 있다. 자세한 내용은 트랙스 홈페이지(https://traxfamily.com) 참고.

17. Clay Shirky, *Here Comes Everyone: The Power of Organizing without Organizations* (New York: Penguin, 2008), 310.

18. 서서히 대두하는 정보 과부하 문제는 공공의 위기이자 개인 차원의 위기이기도 했다. 공공 기록 보관소와 도서관도 이 문제를 놓고 고심했겠지만, 일반인들도 개인 사진이 점점 더 빠른 속도로 늘어나기 시작하면서 같은 고민에 빠졌다. See Dario Teixeira, Wim Verhaegh, and Miguel Ferreira, "An Integrated Framework for Supporting Photo Retrieval Activities in Home Environments," *Ambient Intelligence*, Proceedings of the First European Symposium, EUSAI 2003, ed. E. Aarts et al. (Berlin: Springer, 2003), 288–303, quotation on 288.

19. Ethan Todras-Whitehill, " 'Folksonomy' Carries Classifieds beyond SWF and 'For Sale,'" *New York Times*, Oct. 5, 2005.

20. Quoted in Wade Roush, "Tagging Is It," *MIT Technology Review*, June 1,

2005, https://www.technologyreview.com/s/404210/tagging-is-it/.

21.   Clay Shirky, "Ontology Is Overrated: Categories, Links, and Tags," n.d.,
       Clay Shirky's Writings about the Internet, http://shirky.com/writings/
       ontology _overrated.html.

22.   Facebook, "Making Phototagging Easier," June 30, 2011, https://
       www.facebook.com/notes/facebook/making-photo-tagging-easi-
       er/467145887130/.

23.   Steven Heyman, "Photos, Photos Everywhere," *New York Times*, July 29,
       2015.

24.   Kevin J. O'Brien, "Germany Investigating Facebook Tagging Feature,"
       New York Times, Aug. 4, 2011, B4.

25.   Somini Sengupta and Kevin J. O'Brien, "Facebook Can ID Faces, but
       Using Them Grows Tricky," *New York Times*, Sept. 22, 2012, A1; Somi-
       ni Sengupta, "Facebook Acquires Israeli Facial Recognition Company,"
       New York Times, June 18, 2012.

26.   Rose Eveleth, "How Many Photographs of You Are Out There in the
       World?" *Atlantic*, Nov. 2, 2015.

27.   Robinson Mayer, "Anti-Surveillance Camouflage for Your Face," *Atlan-
       tic*, July 24, 2014. 얼굴 인식과 자동 태깅 기술이 발전하면서 활동 기
       획자들은 이 기술들을 약화시킬 방법을 찾기 시작했는데, 그중에는
       사진 속의 얼굴을 검색하도록 설계된 알고리즘을 사실상 무력화하거
       나 혼란에 빠뜨릴 수 있는 획기적인 옷감도 있다. 베를린에서 활동 중
       인 기획자 애덤 하비Adam Harvey의 하이퍼페이스 위장 프로젝트 (https://

ahprojects.com/hyperface) 참고.

28. 톰 모이니한Tom Moynihan은 2016년 말 『와이어드Wired』에 게재된 기사에서 사용자들이 사진첩과 신발 상자에 모아 둔 낡은 아날로그 사진들을 더 선명한 디지털 사진으로 변환하는 걸 돕기 위해 구글의 포토스캔PhotoScan 앱이 개발됐다고 보도했다. "일단 캡처가 되면 사진은 온라인 백업을 통해 구글 포토의 라이브러리에 추가된다. (…) 이는 앞으로 구글 포토의 얼굴 인식 기술을 위한 훌륭한 시험 무대가 될 것이다. 포토스캔 앱은 이미 컴퓨터 비전 기술을 통해 같은 사람이 일생에 걸쳐 찍은 사진을 아주 잘 식별해 내고 있다. 여기에 낡은 스캔 사진이 밀려들어 오면 앱의 인상적인 인공지능 기술을 새롭게 시험할 수 있을 것이다." Moynihan, "Google Just Made It Way Easier to Scan Your Own Photos," *Wired*, Nov. 15, 2016, https://www.wired.com/2016/11/google-photoscan-app-scan-your-old-photos.

29. 페이스북이 보유한 사진 자산의 가치를 객관적으로 평가하려면 페이스북이 최근 인수한 기업 하나를 살펴볼 필요가 있다. 인스타그램은 2009년 약 50만 달러의 스타트업 투자를 받고 개발됐다. 그로부터 채 2년이 안 돼 페이스북은 실제 수익을 전혀 못 내고 있는 인스타그램을 현금과 주식 포함 10억 달러에 인수했다. 페이스북은 단순히 경쟁 기업을 인수한 것이 아니라 인스타그램이 보유한 엄청난 양의 태그된 사진 보물창고를 얻은 것으로, 이를 통해 얼굴 인식 기술 연구 개발에 더욱 박차를 가할 수 있게 됐다. See Victor Luckerson, "Here's Proof That Instagram Was One of the Smartest Acquisitions Ever," *Time*, Apr. 19, 2016, http://time.com/4299297/instagram-facebook-revenue.

30. 2017년 4월 마크 저커버그는 연례 개발자 회의 참석자들에게 사용자 친화적인 증강현실AR 애플리케이션을 개발할 계획이며, 그 시작은 휴대전화용 앱이 될 것이라고 밝혔다. 이 앱을 이용하면 식당에 대한 평을 남기면서 어떤 메뉴를 주문하면 좋을지 추천하는 가상 노트를 올릴 수 있다. 그러나 소셜 미디어와 증강현실의 결합으로 글과 사진뿐 아니라 장소와 사물에도 태그가 붙는 세계가 만들어질 가능성도 있다. 정보가 집약된 이 인공물들은 현재와 과거 그리고 미래에 우리가 다른 사람들 눈에 얼마나 띌 것인지를 근본적으로 바꿀 가능성이 있다.

31. 예를 들어, 1960년대 복사기가 처음 도입될 당시 제록스는 남성 총무 담당 부서장과 임원들에게 복사기를 소개하면서, 접수 담당자 채용을 대신할 수 있는 효율 높고 정확한 대안이라고 홍보했다. 다시 말해 여성들의 유급 사무 노동을 사실상 불필요하게 만드는 방안을 제시한 것이다. 결과적으로 여성들이 복사기가 여성을 대체하지는 못했지만, 적어도 초반에는 성별 구분을 매우 뚜렷하게 나누는 방향으로 사무 노동이 완전히 개편됐다. See Kate Eichhorn, *Adjusted Margin: Art, Activism, and Xerography in the Late Twentieth Century* (Cambridge, MA: MIT Press, 2016).

5장 디지털 시대, 사라질 권리를 찾아서

1. Danielle Collobert, *It Then*, trans. Norma Cole (Oakland, CA: O Books, 1989), 9.

2. The book, *Chants de Guerres*, was reissued by the French publisher Calligrammes in 1999.

3. 미국 대법원은, 수정헌법 제1조의 권리를 근거로 청소년의 신원 공개가 사실에 부합할 경우 처벌할 수 없다고 판결한 바 있다. See Smith v. Daily Mail Publishing Co., 443 U.S. 97, 103 (1979).

4. 영국의 영화 제작자이자 활동가인 비반 키드론Beeban Kidron은 어린이와 청소년이 인터넷에서 더 안전하게 더 많은 권한을 누릴 수 있어야 한다며 '5가지 권리' 캠페인을 주창했다. 첫 번째 규칙은 "삭제할 권리"로, "모든 어린이와 청소년은 자신이 만든 모든 콘텐츠를 쉽게 편집하거나 삭제할 수 있는 권리를 가져야 한다"는 것이다. 불행히도 이 과정에서 사이버 폭력이 얼마나 만연해 있는지 그리고 아이들이 인터넷에서 얼마나 큰 위험에 노출되어 있는지 보여 주는 놀랄 만한 통계 수치와 보고서들도 공개됐다. 그는 청소년들이 '디지털 네이티브digital native'라고 불리지만 사실은 "디지털 사다리 아랫부분"에 머물러 있으며, "주어진 엄청난 기회가 주는 혜택을 누리지 못하거나 자신의 디지털 상호작용이 가져올 잠재적 결과를 이해하는 데 필요한 기술이나 지식이 부족"하다고 말했다. 그 이유로는 청소년들이 극도로 제한된 '갇힌 공간'과 '무엇이든 허용되는 공간' 사이를 오가기 때문"이라고 주장했다. Baroness Beeban Kidron, 5Rights Report, https://d1qmdf3vo-p2l07.cloudfront.net/eggplant-cherry.cloudvent.net/compressed/04c-d865a83931874b36510d15f05a08d.pdf.

5. EU General Data Protection Regulation (GDPR) Article 17, "Right to Erasure ('Right to Be Forgotten')," Intersoft Consulting AG, n.d., https://

gdpr-info.eu/art-17-gdpr/.

6. 어린이들도 가끔 리얼리티 TV에 출연하지만(대부분 다른 장르의 아역 배우들과 동일한 보호를 받지 못한다) 그 숫자는 많지 않다. 아역 리얼리 티 TV 스타들의 경험은 어린 소셜 미디어 스타들의 경험과 흡사하다. 두 경우 모두 어린이 연예인 보호를 위해 마련된 기존의 노동법과 규 정의 허점을 이용하고 있는 것으로 보인다. Adam P. Greenberg, "Reality's Kids: Are Children Who Participate on Reality Television Shows Covered under the Fair Labor Standards Act?" *Southern California Law Review* 82, no. 3 (2009): 595-648.

7. danah boyd, *It's Complicated: The Social Lives of Networked Teens* (New Haven: Yale University Press, 2014), 57.

8. Jessica Kulynych, "No Playing in the Public Sphere: Democratic Theory and the Exclusion of Children," *Social Theory and Practice* 27, no. 2 (2001): 231-264.

9. Sonia Livingstone, John Carr, and Jasmina Byrne, "One in Three: Internet Governance and Children's Rights," Innocenti Discussion Paper no. 2016-01, UNICEF Office of Research, Florence, 7, https:// www.unicef-irc.org/publications/795-one-in-three-internet-governance-and-childrens-rights.html.

10. 2012년 페이스북이 인스타그램을 인수했을 때 인스타그램은 창사 이후 한 번도 이익을 내지 못한 상태였고 직원 수는 13명에 불과했 다. 그러나 사진 공유 시장을 일찌감치 장악하고 지속적인 성장 가도 에 오른 기업이었기에, 얼굴 인식을 핵심 사업 전략으로 추진 중이

던 페이스북으로서는 반드시 성사해야 하는 인수였다. Josh Constine and Kim Mai Cutler, "Facebook Buys Instagram for $1 Billion, Turns Budding Rival into Its Standalone Photo App," TechCrunch, Apr. 9, 2012, https://techcrunch.com/2012/04/09/facebook-to-acquire-instagram-for-1-billion.

11. Jodi Dean, *Democracy and Other Neoliberal Fantasies: Communicative Capitalism and Left Politics* (Durham, NC: Duke University Press, 2009).

12. Jodi Dean, "Big Data: Accumulations and Enclosure," *Theory & Event* 19, no. 3 (2016), https://muse.jhu.edu/article/623988.

13. David Harvey, "The 'New' Imperialism: Accumulation by Dispossession," *Socialist Register* 40 (2004): 63-87.

14. Dean, "Big Data."

15. Simon Nørby, "Why Forget? On the Adaptive Value of Memory Loss," *Perspectives on Psychological Science* 10, no. 5 (2015): 562.

16. Dean, "Big Data."

17. Snapchat Support, "Snapstreaks," https://support.snapchat.com/en-US/a/Snaps-snapstreak.

18. Mary H. K. Choi, "Like. Flirt. Ghost: A Journey into the Social Media Lives of Teens," *Wired*, August 25, 2016, https://www.wired.com/2016/08/how-teens-use-social-media.

19. Olivia Solon, "Facebook Says Cambridge Analytica May Have Gained 37m More Users' Data," *Guardian*, Apr. 4, 2018.

20. 채권 추심 업무에 대한 상세한 설명은 다음을 참고하라. Jake Halpern,

"Paper Boys: Inside the Dark, Labyrinthine, and Extremely Lucrative World of Consumer Debt Collection," *New York Times Magazine*, Aug. 15, 2014.

21. 입시 정보기관 카플란 테스트 프렙Kaplan Test Prep에 따르면 대학 입학 사정관의 29퍼센트는 지원 학생에 관해 인터넷 검색을 했고, 31퍼센트는 지원자의 페이스북을 비롯한 소셜 네트워크 페이지를 방문했으며, 30퍼센트는 지원자의 합격에 부정적인 영향을 주는 내용을 발견한 적이 있다. Kaplan Test Prep, "Kaplan Test Prep Survey: More College Admissions Officers Checking Applicants' Digital Trails, But Most Students Unconcerned," news release, Oct. 31, 2013, http://press.kaptest.com/press-releases/kaplan-test-prep-survey-more-college-admissions-officers-checking-applicants-digital-trails-but-most-students-unconcerned. 평판 조사 업체 코너스톤 레퓨테이션Cornerstone Reputation은 입학 사정관의 36퍼센트가 지원 학생에 대해 인터넷 검색을 하고, 67퍼센트는 지원자의 페이스북 페이지를 찾아보며, 40퍼센트는 부정적인 인상을 주는 내용을 발견한다는 조사 결과를 공개했다. Cornerstone Reputation, "The 2016 Cornerstone Reputation Admissions Survey," press release, https://www.prnewswire.com/news-releases/cornerstone-survey-indicates-steadying-of-trend-in-college-admissions-officers-reviewing-students-online-300231674.html. 그러나 코너스톤 레퓨테이션은 대학 지원자에게 디지털 평판 관리 서비스를 제공하는 사업을 하는 업체임을 참고하라. 대학 입학 사정관들이 잠재적 지원자들의 디지털 발자국을 살펴본다는 인식을 확산하려고 노력하는

것이 명백해 보인다.

22. Hannah Natanson, "Harvard Rescinds Acceptances for At Least Ten Students for Obscene Memes," *Harvard Crimson*, June 5, 2017, http://www.thecrimson.com/article/2017/6/5/2021-offers-rescinded-memes/.

23. Katie Davis and Emily C. Weinstein, "Identity Development in a Digital Age: An Eriksonian Perspective," in *Identity, Sexuality, and Relationships among Emerging Adults in the Digital Age*, ed. Michelle F. Wright (Hershey, PA: IGI Global, 2017), 13.

24. See Viktor Mayer-Schonberger's discussion of "digital abstinence" in *Delete: The Virtue of Forgetting in a Digital Age* (Princeton: Princeton University Press, 2009), 128-132.

25. Henry Jenkins, "Empowering Children in the Digital Age: Towards a Radical Media Pedagogy," *Radical Teacher* no. 50 (Spring 1997): 30-35.

26. 애드센스는 소셜 미디어 사이트에 광고를 게재하는 여러 방법 중 하나다. 수익은 페이지뷰 수와 클릭 수 두 가지 모두를 기반으로 산정되며, 사이트 소유자는 수익을 구글과 나눈다. 18세 미만의 청소년이 애드센스 계정을 개설해 소셜 미디어 사이트에서 직접 수익을 거두려면, 은행 계좌를 개설하고 소셜 미디어 사이트와 애드센스 계정을 생성할 때 부모나 성인 후견인의 동의가 반드시 필요하다. 다시 말해, 미성년자는 성인의 동의 없이는 소셜 미디어 사이트를 통해 돈을 벌 수 없다는 뜻이다. Google AdSense eligibility guidelines: https://support.google.com/adsense/answer/9724?hl =en.

결론

1. 정보를 이용해 인공지능이나 러닝머신 등을 자체 연구, 개발하는 기업
    도 일부 있지만, 액시엄Acxiom, 코어로직CoreLogic, 데이터로직스Datalogix,
    아이디 애널리틱스ID Analytics 같은 기업은 소비자 행동에 관한 정보를
    수집하고 분석한 뒤 다른 기업에 판매하는 일을 전문적으로 수행하고
    있다.

2. Erik Erikson, *Childhood and Society*, 2nd ed. (New York: Norton, 1963),
    262.

3. Nancy Jo Sales, *American Girls: Social Media and the Secret Lives of Teen-
    agers* (New York: Vintage, 2016), 62.

이 책의 집필 작업은 대부분 '뉴욕 소사이어티 라이브러리'에서 이루어졌다. 이 역사적인 건물을 이 시대의 저술가와 독자를 위해 생산적인 공간으로 만들어 준 도서관 직원들에게 감사드린다. 이 책을 쓰는 동안 친구인 제나 프리드먼은 무료 사서 정보를 제공했고 안드레아 나피, 니브 디아즈 카, 이 두 사람은 조사를 도왔다. 하버드대학교 출판부의 앤드류 키니는 원고의 핵심적인 부분에 관한 의견을 주었으며 특히 이 프로젝트가 진행되는 내내 나와 열정을 공유해 주었다. 모두 고맙다. 집필 후반부에 피드백을 주고 편집 과정을 거든 루이즈 로빈스에게도 고마움을 표한다. 무엇보다 내 인생과 신념의 동반자 안젤라 카에게 가장 큰 신세를 졌다. 원고를 읽고 조언해 준 그녀의 사랑과 경청 그리고 논리에 감사를 표한다.

Z세대 부모를 위한
SNS 심리학

#소셜 미디어는 아이들의 마음과 인간관계, 삶을 어떻게 바꾸는가

1판 1쇄 발행 2020년 9월 18일

발행인 박명곤
사업총괄 박지성
기획편집 채대광, 이은빈
디자인 구경표, 한승주
마케팅 박연주, 유진선, 이호
재무 김영은
펴낸곳 (주)현대지성
출판등록 제406-2014-000124호
전화 070-7591-2136 **팩스** 031-944-9820
주소 경기도 파주시 회동길 37-20
홈페이지 www.hdjisung.com **이메일** main@hdjisung.com
제작처 영신사 월드페이퍼

ⓒ 현대지성 2020

※ 이 책은 저작권법에 따라 보호받는 저작물이므로 무단 전재와 복제를 금합니다.

※ 잘못 만들어진 책은 구입하신 서점에서 교환해드립니다.

"지성과 감성을 채워주는 책"
현대지성은 여러분의 의견 하나하나를 소중히 받고 있습니다.
원고 투고, 오탈자 제보, 제휴 제안은 main@hdjisung.com으로 보내 주세요.